星座小熊

BluesBear®

© Starring Ideas Inc.,Ltd.

第一本星座書

天蠍座

外冷內熱狠角色

作者◎
FB 粉絲 70 萬的人氣插畫家
星座小熊
暢銷星座書作家
曾新惠

今夜星光燦爛

星座之於人生，就像一道又一道的美食──

有時你會因為溫暖味蕾的甜味而感覺幸福滿溢，有時你會因為嗆衝腦門的辣味而涕淚齊發，有時你會因為直入心底的苦味而五官扭曲，有時你會因為刺激強烈的酸味而起雞皮疙瘩……這些五味雜陳，就像星座顯現的人生滋味，隨時在你心中發酵、迴盪。

某一段時間，你可能手氣大順、得意忘形，此時，就會有帶著考驗、壓力、限制意義的星星，現身來平衡你高張的氣燄；某一個時刻，你可能挫折不斷、失意沮喪，此時，就會有帶著幸運、慈愛、溫暖意義的星星，現身來平衡你低落的信心。

星光閃閃，每一顆星都有屬於自己的特質和使命，它們看似不相干，卻緊密相連，交織出一張張精彩美麗的人生星圖，猶如這世上變化萬千的各種滋味，總是讓人百般回味，心神滿足！

目錄 • CONTENT

天蠍與各星座的美味關係

◇◇◇◇◇◇◇◇◇ 星座八卦站 ◇◇◇◇◇◇◇◇◇

天蠍與各星座的愛情協奏曲

◇◇◇◇◇◇◇◇◇ **星座八卦站** ◇◇◇◇◇◇◇◇◇

12 種上升星座，12 種天蠍

怎麼辦？天蠍～

◇◇◇◇◇◇◇◇ **星座八卦站** ◇◇◇◇◇◇◇◇

PART 1

說到天蠍座

以最完整的分類方式，

掃描一遍天蠍的各項基本資料，

讓你快速掌握天蠍的關鍵特質。

 **天蠍速寫**

生日： 10/23~11/21

符號： ♏

英文： Scorpio

守護星： 冥王星

守護神： 普魯特（希臘）・黑底斯（羅馬）

性質： 陰性

屬性： 水象星座

宮位： 第 8 宮

宮位性質： 固定宮

代表詞彙： 我渴望

數字： 3、5

星期： 星期一

顏色： 深紅色

花朵： 菊花

寶石： 紅榴石

材質： 鋼

物品： 與神祕學相關的物品

身體部位： 生殖器

偏愛場所： 森林遊樂區、情趣用品商店、幽暗靜
謐的餐廳

優點： 堅忍、神祕魅力、性感、觀察敏銳、洞察
力、深謀遠慮

缺點： 報復心強、好強、心機重、得理不饒人、
　　　　猜疑、嫉妒

性格原罪： 嫉妒

契合星座： 巨蟹、雙魚

對立星座： 金牛

緊張星座： 獅子、水瓶、牡羊、雙子

中立星座： 處女、天秤、射手、摩羯

◈ 神話由來

　　海神波塞頓的兒子歐力恩，俊美魁梧，擅長
狩獵，曾因侵犯西奧斯國王的女兒梅洛普爾，而
被挖掉眼珠，後來是藉由阿波羅的幫助才重獲光
明。歐力恩說過：「沒有任何獵物能逃過我的手
心。」此話激怒了天后赫拉，於是派遣一隻毒蠍去

攻擊歐力恩，最後，歐力恩因為被毒蠍螫到而倒地，卻正好壓死這隻毒蠍。從此，毒蠍被形象化地置於天上，成為星座之一。

◈ 愛情觀

戀上一個人，就是天雷勾動地火，愛上一個人，就是不顧一切地飛蛾撲火，沒有輕描淡寫的淡淡純愛，只有狂風暴雨的熊熊熾愛。對於情人絕對忠誠，也要求對方絕不可背叛，否則會讓對方粉身碎骨。

◈ 人際觀

嫉惡如仇的性格，使得朋友的定義只有朋友和非朋友之分，沒有模糊地帶；給人的感覺既神祕又冷酷，所以不易交到朋友，可是一旦成為好友，就會百分之百地付出，且當作一生不變的

友誼。

◈ 金錢觀

　　喜歡默默地賺、偷偷地存，等到別人發現時，早已是家財萬貫的大富翁。用錢方面，十分謹慎小心，不亂花錢，也不與他人發生借貸關係。投資方面，喜歡直接投資股票或股票型基金。

◈ 工作觀

　　表面上好像不會與人爭權奪利，只是靜靜在一旁盡忠職守，其實心裡盤算的目標規模之長遠巨大，非一般人可想像；深諳「爭一世，而非爭一時」的道理，所以總是比別人專注、有決心，只求最後的成功。

◈ 職業

心理學家、推理作家、偵探、藥物研究員、化學家、稅務調查人員、心理治療師、魔術師、占卜師、情報人員。

◈ 名人代表

男性: 孫文、吳奇隆、阮經天、李安、李遠哲、幾米、郭富城、黃曉明、哥倫布、佛洛依德、畢卡索、比爾蓋茲、喬吉拉德、李奧納多狄卡皮歐、伊森霍克、布萊恩亞當斯、查爾斯三世、手塚治虫、木村拓哉、岡田准一、北村匠海、李棟旭、蘇志燮。

女性: 林青霞、藍心湄、唐立淇、楊麗花、吳淡如、張雅琴、陳亞蘭、蘇慧倫、天心、陶晶瑩、林依晨、任家萱、陳意涵、蔡黃汝、楊紫、居里夫人、薇諾娜瑞德、凱蒂佩莉、安海瑟薇、內田有紀、深田恭子、仲間由紀惠、渡邊直美、福原愛、全智賢。

 一天一種天蠍座

10 月 23 日

　　有時對人很熱情，親和力一百，有時又對人很漠然，冷酷到最高點，情緒化傾向極為明顯，讓旁人覺得很難適應，在團體中常被列為不好相處的人；相信自己，意志堅定，一旦下了決定就不會輕易更動，即使遇到困難也不退縮，膽識過人、毅力驚人。

10 月 24 日

　　有謀略，擅思考，運籌帷幄的能力極強，尤其在訂定策略或分析情勢等方面的功力，更是高人一等，無人能出其右，特別適合發揮於戰況激

烈的競爭場合中；嫉妒心強，要是不小心打翻醋罈子，就連平時最引以為傲的冷靜頭腦也會變得混亂不清，正面形象分數大減。

10月25日

很不喜歡被別人輕視的感覺，為了杜絕不受尊重的可能性，會想盡辦法加強自己的實力，並不擇手段維持住自認為應有的權威感，堅持到底；專心一致，執行力超強，一旦投入某件事，就算天塌下來也不會改變初衷，給人堅忍不拔、吃苦耐勞、值得信賴的印象。

10月26日

重物質甚於精神，對於打高空的誇張承諾，或虛幻的造夢運動沒興趣，走的是務實主義路線，

要的是真切實在的名利成就；自尊心強，比別人付出更多的努力，不放棄、不妥協是造就成功的兩大利器。

10月27日

事事要證據，時時講原則，只要自己是對的，便得理不饒人，甚至連改進的空間、道歉的機會都不給，一副要對方永遠不得超生的模樣，挺嚇人的；很清楚自己的優缺點，不會自不量力地奢望，或浪費時間作白日夢，總是腳踏實地，憑著自己的力量開創新領地。

10月28日

在陌生環境中，讓人覺得冷若冰，在熟識的親朋好友中，給人的印象卻是熱如火，雖無法得

到每個人的認同，但確實魅力獨具；敏捷、專注、行動力強，在職場上屬於常勝軍型的人物，備受肯定。

10 月 29 日

心思縝密、觀察入微、直覺靈敏，是蒐集和分析資料的高手，專業程度無人能敵，再加上保密功夫一流，是天生的情報人員；性格偏向黑暗陰鬱、沉悶靜默，對於不同領域或新奇的事物，接受度不高，影響自我進步的空間，應想辦法激發熱情、開拓視野。

10 月 30 日

理智時與不理智時的表現，天壤之別，性情有些極端，常陷在自我的世界裡，找不到平衡點，

讓人感覺偏激、有稜有角、不易相處；意志堅強，有膽識，大氣魄，為了達成目標，能忍人所不能忍。

10 月 31 日

極有耐心，做事不疾不徐，看似緩慢，其實是按部就班，不誇耀自己的能力，也不做無謂的抱怨，能堅持到最後；對朋友的要求很高，寧缺勿濫，一輩子能有一、兩位知己好友，已屬難得。

11 月 1 日

細膩、敏銳，易陷於自我想像之中，心被無形的牢籠限制，無法輕易對他人敞開心房，必須試著找出適當的情緒出口；具有追查真相的精神和能力，只要一點蛛絲馬跡，就有機會突破線索

障礙，揭曉謎底。

11月2日

　　深謀遠慮，心思細密，把事情看得長遠、把人性看得透澈，適合從事與偵察、調查、心理方面的工作，雖不常與人互動，對於訊息的掌握卻很精確；嫉惡如仇，最痛恨被別人背叛，只要有一次這樣的經驗，就會把對方打入十八層地獄，即使對方苦苦哀求也沒用，永不來往。

11月3日

　　主觀意識強，猜疑心重，對於他人意見充耳不聞，只相信自己的直覺，且不主動發表意見，惜字如金；悟性極高，即使是陌生領域，也能很快進入狀況，心智年齡比實際年齡高，早熟懂事，

值得託付重任。

11月4日

　　極具神祕感,全身散發一股魅惑的氣息,讓人很想靠近卻又膽怯,在群體中,不必特別花心思表現自己,就能吸引無數目光;恩怨分明,嫉惡如仇,對於喜歡與不喜歡的人事物,態度冷熱落差極大。

11月5日

　　不用任何排場與陣仗,只要一出現在眾人面前,自然會展現一股肅殺之氣和權威之感,讓人不敢隨易造次或輕易得罪;對自己認同的人很講義氣,而且絕對信任,是一個忠實可靠、讓人放心的朋友。

11月6日

外表冷酷，讓人不敢親近，其實內心熱情無比，只有親密伴侶才有機會見識到與平時截然不同的表現，在一般人際關係方面較吃虧，但只要相互對味，卻是難得的知己人選；敵我意識強烈，只要非我族類，就有差別待遇，觀念改變不易，執念頗深，被勸說的機率微乎其微。

11月7日

不管大小事都攻於心計，有被害妄想症的傾向，無法信任他人，老覺得別人對自己意圖不軌，有謀害之嫌，分分秒秒都忙著提防、抵禦、對抗，自我保護意識強烈；果決、熱情、耐力十足，只要確立目標，不畏艱難，必然堅持到底，每項任務都能做得澈底完善，頗具口碑。

11月8日

　　愛吃醋，很在意對方是否忠誠、用心、認真，只要有一點不對勁的感覺，立刻用尖酸刻薄的言語大肆諷刺，毫不留情；不隨便聽信謠言，只相信自己的所見所聞和判斷，不容易被有心人士欺騙或陷害。

11月9日

　　不愛跟人打交道，無論陽光普照、陰雨綿綿，還是雷電交加，仍堅持一貫作風──走自己的路，有問題自己解決，有成果自己享用，不習慣群體生活；能快速洞悉事物的重點，抓緊關鍵、一針見血，從不拖泥帶水，外表靜默沉寂，私底下卻動作頻頻，是名符其實的狠角色。

11月10日

對於挖掘不為人知的祕辛有著高度興趣，但自己卻極重視隱私，口風很緊，絕不會透露與自己有關的任何事讓別人知道，心防很難被攻破；獨立，自主性高，做事有自己的堅持，能紮紮實實地完成一項計畫，不會偷斤減兩或含混敷衍，認真努力的痕跡，鮮明又深刻。

11月11日

原本肅穆的神情與冷漠的態度已讓人敬而遠之，若再遇到看不順眼的人，冷嘲熱諷的言語殺傷力更強，令人無力招架；凡事默默進行，不虛張聲勢、不打草驚蛇，享受交出亮麗成績時大放異彩的驚喜感。

11月12日

具直覺力，對事物的感應極強，而且準確性高，無論做什麼決定，都應避免受他人言論或外在環境的影響，才不會後悔；受到不平待遇時，會以報復的方式回應，心地不夠柔軟，且缺乏理性溝通的能力。

11月13日

對人有戒心，但大多用在陌生人身上，或是與利益有關的事情上，不至於讓人覺得過份自我保護；達成任務的決心很強，而且忍功一流，一旦訂下目標或給了他人承諾，使命必達，絕不拖延、耍賴。

11月14日

平時意見不多，但如果涉及自己十分在意的部份，會毫不保留地據理力爭，是一個頭腦清楚、有行動力、實力堅強的人；很會記仇，把別人對自己的大小惡行一一深印腦海，將來有機會勢必要連本帶利討回。

11月15日

堅強、果斷、有毅力，獨立完成任務的能力極強，在職場上的表現特別容易受到肯定，雖然略顯心機重、城府深，但沒有壞心眼，只是讓人不太敢親近而已；具有理財天份，對數字十分敏感，能同時發揮直覺與實用技巧，應多開發這方面的潛能。

11月16日

容易把事情看得太嚴肅，無法放鬆，經常在為小事煩惱，忽略大方向的重要性，應該多一些冒險精神，學著擴大視野；有數字概念，可加強投資理財方面的專業知識，只要做好風險控管，獲利可期。

11月17日

　　集中精力投注於一件事，成功機率幾乎是百分百，但要小心因為太在乎勝負所引發的得失心後遺症，應保持平常心；可在物質與精神之間取得平衡，自省能力強，而且能用正面力量去感染別人，善心可嘉。

11月18日

　　強調神祕感，嚴格守護與自己有關的一切訊息，即使有人問起，也不正面回應，或許含糊帶過，或許笑而不答，或許靜默離開，無論如何都不鬆口；精力旺盛，忠實真誠，有商業頭腦，自行創業的成功機率高，但要做好情緒管理，否則可能功虧一簣。

11月19日

　　能力好又值得信賴，自我要求很高，凡事非要做到完美才肯罷手，專注的精神和堅強的毅力，令人佩服；原則多、界線清楚，看不慣的人事物多如牛毛，每天嫌這個、罵那個，包容力不足，沒什麼同理心。

11月20日

　　會讓自己覺得開心的事不多，是一個不容易取悅的人，但偶爾也有體諒別人或配合別人的時候，較情緒化，喜怒分明；對知心好友付出很多，即使對方能給的不多也不在意，懷抱著不求回報的無悔心情。

11月21日

　　愛吃醋，只要一不開心，就把小事搞成大事，弄得滿城風雨，非要對方給一個合理的交待或堅實的承諾，否則絕不善罷干休；一旦釋放心中熱情，會讓旁人驚豔不已，形象大扭轉，對人際關係有正向助益。

PART 2

遇見 4 種血型的天蠍座

星座和血型就像連體嬰，

談到星座，免不了要把血型拿出來講，

那麼，乾脆就讓它們大合體，

擦出更眩目的火花吧！

 ## Ａ型天蠍

天蠍情感細膩、深思熟慮，能一針見血地直指問題核心，無論做什麼事，都要先預作周全的準備，以確保萬無一失，十分縝密小心；Ａ型想很多，做得也多，是一個努力盡守本份的人，只是除了認真有效的思索之外，還喜歡胡思亂想，自以為是未雨綢繆，其實根本是杞人憂天，搞得自己心慌意亂，結果卻毫無半點助益。

天蠍嫉惡如仇，對於自己認同的人，全心全意付出，沒有任何保留，甚至犧牲生命也在所不惜，但要是遇到不被自己認同的人，則視為眼中釘、肉中刺，隨時都有出手給對方好看的準備；Ａ型膽子小，總是默默守在角落，即使是被欺負或受到不公平的待遇，也只能忍氣吞聲、委屈求全，連大氣都不敢吭一聲。

天蠍的負面性格，有可能因為 A 型的陰柔，而加重其原有特質，但也可能因為 A 型的溫和、友善，而沖淡了執拗、黑暗的那個部份，好壞與善惡就在一線之間，必須小心運用這股力量。

　　A 型天蠍的火力不是爆發型，而是細火慢燉型，即使發生天大的緊急狀況，A 型天蠍都不會在第一時間表達出自己真正的情緒和想法，反而是利用時間在腦子裡設定好危機處理的步驟，等待時機成熟，立刻行動，以達到快狠準的驚人效率。

　　因為注重自己的隱私，所以 A 型天蠍不會主動去打探他人不想讓人知道的私生活，但若是對方主動提起，或在因緣際會的情況下知道了什麼祕密，謹慎、不想惹是生非的 A 型天蠍，絕對是具有專業水準的守祕者，能做到滴水不漏、守口如瓶。

A 型天蠍與人相處時，雖然保持了一定程度的距離，也不太會主動去關心他人，但整體來說，態度還算和善、親切，尤其當別人提出請求時，絕不會拒人於千里之外，仍有令人感到窩心的熱情。

　　A 型天蠍很被動，即使也想多交一些不同領域的朋友，卻總是無法付諸行動，過於封閉、自我保護，有時一不小心就會陷入負面思考的泥沼裡，應多接觸人群，讓生活模式更多樣化，對自己才會更有利。

A 型天蠍之最

- ☆ 最沉默寡言
- ☆ 最願意付出
- ☆ 最會守秘密
- ☆ 最不愛交朋友

 # B 型天蠍

　　天蠍好強、不服輸，一旦決定了某項計畫就堅持到底，吃苦不算什麼，流血流汗也不以為意，心裡唯一的目標就是完成任務，毅力十分驚人；B型做事只有三分鐘熱度，一開始興致勃勃，結果才進行不了多久，不是突然生厭、沒興趣，就是又被另一個更新奇的事物吸引，最後往往一事無成，虛擲寶貴的時光。

　　天蠍凡事往內、往深處、往最裡層去觀察，絕不會受外在表現的影響，就像一個本身功力厚實，見過大風大浪、閱歷豐富的大內高手，對任何蛛絲馬跡都不放過；B型總是單純接收表面的訊息，而且信以為真，不想花腦筋深究，即使遇到不合理的狀況也不疑有他，所以常常白忙一場，

或被假象所騙。

天蠍的本質和 B 型的性格特色是衝突的，一暗一明、一內歛一外放、一謹慎一隨興，可見兩人的組合，要不是相輔相成配合得天衣無縫，就是相互對抗、衝撞，結果兩敗俱傷。

擅於在幕後操控、一手安排所有劇情發展的 B 型天蠍，平時是一個惡作劇天才，什麼捉弄別人的點子都想得出來，而且往往令人拍案叫絕，等到上了正式的大場面，B 型天蠍則成了不折不扣的謀略家，所有情勢和戰略都在精密的佈局和掌握之中。

B 型天蠍極有生意頭腦，不但懂得精打細算，還有敏銳的嗅覺、深遠的眼光、細心的觀察，可以比別人早一步看見商機，再加上說做就做的行動力，簡直是完美的組合，唯一要加強的就是持續力，千萬不要因為遇到挫折就放棄，避免功虧

一簣。

　　不排斥和任何類型的人交朋友，但如果想要成為知己，B 型天蠍的標準可是嚴格得嚇人，不過，只要通過重重考驗，確定過關之後，B 型天蠍絕對是掏心掏肺、忠實以待，無論對方提出什麼樣的要求，一定情義相挺、全力支持。

　　B 型天蠍的企圖心和意志力強烈而不尖銳，雖然也有執念太深的時候，但懂得適時讓自己喘口氣、轉換心情，是聰明的狠角色。

B 型天蠍之最

　★ 最有異性緣

　★ 最有魅力

　★ 最會做生意

　★ 最衝突

# O 型天蠍

　　天蠍愛恨分明、報復心強，只要被他人背叛一次或踩到一次痛處，立刻把對方深深印在心底，並開始著手復仇計畫，非要看到對方受到痛苦的折磨，才肯罷休；O 型的脾氣不太好，動不動就怒火衝天，但火氣來得快，也去得急，只要把想罵話罵出來，脾氣發完了，馬上就像沒事一樣，完全沒有記仇的習慣。

　　天蠍低調、不愛說話，而且不只是安靜而已，全身還散發著一種深沉的靜默，彷彿一座幽暗的千年森林，誰也不知道裡面到底藏著什麼樣的妖魔怪獸，叫人不寒而慄；O 型說話大聲，動作更是大刺刺，深怕無法成為大家目光的焦點，心裡有什麼就說什麼，毫不掩飾，所以常會發生中傷了

別人還不自知的尷尬場面。

天蠍深沉內斂，還沒做好萬全準備之前，絕不可能透露半點風聲，但是 O 型則截然不同，總是有一分、說三分，有五元、說二十元，恨不得誇張百倍，也不會悶著不說。不過，天蠍的固執和 O 型的固執倒有異曲同工之妙，簡直就像堅強的堡壘，怎麼都攻不破。

單從表面來看，O 型天蠍的熱情不易被發現，但若問常與 O 型天蠍近距離接觸的人，則能瞭解其熱情的程度可媲美千年火山，足以將人熔化，一旦遇到真心所愛的人，可以飛蛾撲火，一旦遇到臭味相投的人，可以全心奉獻，一點也不保留。

O 型天蠍如果真的闖出一片天，一定是靠自己的實力和努力，絕不逢迎拍馬，也不走旁門左道，充份發揮硬漢精神，而且還特別不屑那些每天只會做白日夢，卻想一步登天的人，算是一個

認真生活、長遠布局、勇於接受各種挑戰的性情中人。

O 型天蠍有一種一股作氣的狠勁，充滿自信的時候，頭也不回地奮力往前衝，直到奪標、贏得勝利為止，即使是自信不足的時候，亦毫無懼色，依舊硬著頭皮努力不懈，堅持到最後一秒。

O 型天蠍的脾氣十分暴烈，但也熱心、熱情，給人的印象很極端，如果想要改善人際關係，想辦法讓脾氣變溫和些，應是當務之急。

O 型天蠍之最

✪ 最堅定不移

✪ 最暴烈

✪ 最不信任別人

✪ 最熱情如火

 **AB 型天蠍**

天蠍的心思雖然深不可測，但有一定的規則可循，絕不會今天想這樣做，隔天一覺醒來，又換了另一種做法，凡事照著計畫走，只在小地方或特殊狀況時才做緊急調整；AB 型熟悉各種轉換和變動，很難達到原封不動、從一而終的境界，把一切的變化皆視為當然。

天蠍具有超強的直覺力和洞悉力，一眼辨真偽、一言辨是非，誰都別想僥倖逃過如精密雷達般的偵測；AB 型的感覺細膩敏銳，別人只要稍有不對勁就會被揪出來，甚至當場來個強烈批判，讓人覺得很害怕，容易被貼上難相處的標籤。

天蠍和 AB 型的組合，最直接的形容就是難有對手的狠角色。天蠍主觀、佔有欲強、堅持到底，

AB 型聰明過人、高標準、不講情理，可見若有人敢站在對抗的立場，不是修練了十年，對自己超有信心，想出關大展身手，就是完全搞不清楚狀況、自尋死路。

在 AB 型天蠍還沒用到最後一招時，沒有人知道最後的結局到底會怎麼安排，因為 AB 型天蠍的思考線索細如髮絲、設定的機關巧妙高深，絕非一般凡夫俗子的想像，如果對方以為自己能在事件一開始，或是進行到一半時就猜出正確答案，那實在是太天真了，而且恐怕反而會被自己誤導，錯得更離譜、輸得更慘。

為了達到目的或完成任務，AB 型天蠍可以心機用盡、不擇手段，或許有些人認為這是不入流的卑鄙行為，但在 AB 型天蠍的認知裡，只有輸和贏，沒有應該或不應該，就像打仗要戰略、練功要祕笈、考試要訣竅的道理一樣，取得勝利是唯一目標。

AB 型天蠍總是散發著一股神祕魅力，具有獨特的吸引力，且自視甚高、嫉妒心強，只要是自己想得到的，就不准任何人碰，喜歡掌權，有強烈的控制欲，被 AB 型天蠍愛的人猶如在天堂，被 AB 型天蠍恨的人則形同入地獄，是極樂與極悲的大落差。

　　AB 型天蠍是一個強調忠實、專注、不容許情感有一點瑕疵的人，所以面對背叛者，絕不手軟，一定要對方狠狠記得這次的教訓。

AB 型天蠍之最

　　✪ 最有心機

　　✪ 最愛嫉妒

　　✪ 最有直覺力

　　✪ 最具神祕色彩

12 星座最怕哪些事？

牡羊　最怕沒搶到第一名，最怕要依賴別人，最怕無聊。

金牛　最怕變動，最怕沒有美食，最怕沒錢。

雙子　最怕資訊落後別人，最怕一成不變，最怕拖太久。

巨蟹　最怕沒依靠，最怕冒險，最怕緊急狀況。

獅子　最怕沒面子，最怕安靜，最怕冷清。

處女　最怕失序，最怕髒亂，最怕被指責。

天秤　最怕沒朋友，最怕沒人陪，最怕失態。

天蠍　最怕沒隱私，最怕沒權威，最怕被背叛。

射手　最怕給承諾，最怕被限制，最怕愛計較。

摩羯　最怕速度太快，最怕沒受到尊重，最怕不確定性。

水瓶　最怕沒自由，最怕守舊，最怕太感性。

雙魚　最怕有壓力，最怕被規定，最怕被要求必須負責任。

PART 3

天蠍與各星座的美味關係

當天蠍與各個星座碰在一起，

會產生什麼化學變化，

能變出什麼美妙的人生滋味呢？

你也來嚐嚐吧！

 # 天蠍 VS 牡羊

關係指數 ★ ★ ★

特調滋味 嗆辣刺激

秘密武器 事緩則圓

　　牡羊心中坦蕩，無愧天地，做人做事光明磊落，天不怕地不怕，把冒險犯難當成一種體驗人生的享受，對於貧乏單調的恐懼更甚於受傷挫敗，不願用循規蹈矩來換取安全，寧可接受挑戰、對抗強權，非要把自己弄得渾身是傷，才覺得符合熱情勇敢的英雄主義。

　　每每面對一件事，從決定、執行到結束，只能用風馳雷行來形容，急得不得了，屬於趕死人不償命的衝動派。好奇心強，對自己有興趣的事物，全心投入、全力以赴，反之，則絕不勉強自

己，甚至連正眼瞧一眼都懶得，對於喜惡的反應很極端。

企圖心強，信心滿滿，凡事都想搶第一、拔頭籌，相信只要是自己想得到的，一定能達陣成功，沒有輸的理由，只有贏的希望，隨時隨地抱持的信念都是積極樂觀和永不言敗。

因為低調深沉、神祕隱沒的性格，再加上本身散發出的強烈自我保護色彩，使得天蠍常被隔離於一般群體之外，自己不想主動釋出善意，他人也不敢輕舉妄動，於是形成冷淡的關係。而牡羊則是一個水裡來、火裡去的人，情緒十分濃烈，想到什麼就說什麼，自己開心最重要，想到什麼就立刻行動，不會考慮太多。

在天蠍眼裡，牡羊是一個搞不清楚又自以為是的大白目，表面上好像什麼都懂，其實肚子裡沒有一點墨水，很難溝通。天蠍喜歡深沉低調，

牡羊卻總是拉開嗓門大喊大叫，天蠍是招式多到用不完的謀略家，牡羊卻只會用蠻力抗敵。天蠍和牡羊是一冷一熱、一靜一動的典型組合，雙方都很難越過楚河漢界與對方和平相處。

◈ 如何調出兩人的美味關係？

即使對方什麼都沒做，也沒礙到誰，但彼此對對方都有一種說不出個所以然的反感，只是還不到針鋒相對的地步，不會在檯面上把自己心裡真正的想法全盤托出，尚為對方保留一些面子，也為自己留些餘地。道不同不相為謀，既然不適合湊在一塊兒，就不應該勉強，只要各司其職，把該做的事做好，井水不犯河水，自然也就皆大歡喜了。

 **天蠍 vs 金牛**

關係指數 ★★
特調滋味 甘苦交混
秘密武器 尊重對方

　　金牛喜歡看得到、摸得到的具體實物，因為真實的擁有能帶來安全感，不必為虛幻或充滿變數的未知空等，已經握在手上的才算得上是資產。做人可靠，做事穩重，待人和善客氣，對自己的技能和才華有信心，但不會喧嚷自誇，強調以實績服人。

　　動作緩慢，按部就班，重視計畫，一旦處於快速多變的狀態，會有幾近心臟病發的不適感，對於周遭一切變化完全來不及消化和反應，容易造成沮喪和挫敗感。觀念保守，思想刻板，不敢

冒險，也不想嚐鮮，覺得規律安穩的生活即是最大的快樂。

喜歡吃美食和具美感的事物，平時節儉成性，每花一分錢都要再三斟酌，但會為一次豐盛的大餐或一件嚮往已久的昂貴物品實行存錢計畫，只要一存夠錢，便毫不猶豫地買下，享受自給自足的踏實感。

天蠍不僅腦筋會轉彎，而且是轉好幾個彎，幾乎已經到了錯綜複雜的地步，所以除了自己之外，別人沒有辦法看透、沒有機會探究，更沒有能力攻破。而金牛從頭到腳、從裡到外，怎麼看都是一副老實忠誠的模樣，不會說謊矇騙，不懂得用計施謀，也不知怎麼摸清別人的底細和看清事情的內幕真相。

天蠍和金牛的所有特質都差了十萬八千里，天蠍很少把金牛放在眼裡，因為金牛沒有殺傷力

和攻擊力，不足為懼，不需要花力氣周旋，而凡事以安全為第一要務的金牛，當然也不會沒事去招惹天蠍，讓自己深陷險境，所以，兩人只要保持一種井水不犯河水的狀態，對雙方來說，都算是省力又省事的對應之道了。

◈ 如何調出兩人的美味關係？

雙方的關係是既衝突矛盾，又掙扎拉扯，好像只要兩人同時存在一個空間裡，氣氛就變得不對勁，不是雞飛狗跳，就是僵持不下。其實，彼此的狀態就像蹺蹺板，一邊高的時候，另一邊就必須低，相互配合才能和諧，如果硬要都爭高或都搶低，下場當然很慘烈，還不如先談妥搭配的方式，並從禮讓和瞭解對方做起，一定可以慢慢地漸入佳境。

 **天蠍 VS 雙子**

關係指數 ★★★

特調滋味 苦中帶酸

秘密武器 親疏分明

　　雙子的想法千變萬幻，手腳爽利明快，全身細胞永遠都處在活躍跳動的狀態，就連睡覺做夢都能想出令人拍案叫絕的新點子，生活有趣精彩。辯才無礙，善於交際，什麼話題都能聊，什麼人都能相處融洽，但大多交淺言輕，對於累積情誼並沒有幫助。

　　對於訊息的蒐集、處理和傳遞能力，無人能及，好聽的說法是人人崇羨的資訊達人，但較貼近事實的稱號應該是唯恐天下不亂的八卦王，整天穿梭在如槍林彈雨的大小資訊之間，不但不覺

得紛亂煩擾，反而有一種蓬勃生動的趣味，不亦樂乎。

遇到該負責任時，不是插科打諢混過去，就是用裝死的方式逃避，不是一個有承擔力的人。做事只有三分鐘熱度，過了興頭就棄置一旁，也不管完成程度如何，很難老老實實地做好一項任務。

天蠍做任何事都專心一意，而且堅持到底，即使過程中驚險不斷，仍可憑藉意志走到最後，在幾近虛脫的關鍵時刻奪下勝利旗幟，為自己成功地再下一城，是一個自我要求高，且使命必達的狠角色。雙子看待一件事或一項任務的重點在於有趣與否，而不是能不能贏得冠軍獎盃，把人生當作遊戲場，沒有巨大的壓力，也沒有非要完成不可的目標，一切隨遇而安，開心最重要。

天蠍覺得雙子是一個嘴上功夫了得，卻沒有

實際作為的人，當所有人都大力稱讚雙子的聰明機智，天蠍不以為然，認為這些所謂的優異特質就是造成雙子輕諾、閃避責任的禍根。總之，天蠍不給雙子好臉色，雙子也不把天蠍當一回事，兩人一碰面就有火藥味，相處難安。

◈ 如何調出兩人的美味關係？

對於對方的神情態度與處事風格，十分不以為然，甚至鄙視不屑，總覺得自己什麼都比對方好，只要有一方說一句話或做一個動作，另一方立刻就表現出不耐煩、不苟同的嘴臉，互看不順眼。但是，冤冤相報何時了，這時候反而應該用更多的愛與耐心，包容對方，檢討自己，才有可能化干戈為玉帛，轉負為正，創造雙贏的局面。

 **天蠍 vs 巨蟹**

關係指數 ★★★★★

特調滋味 香辣夠味

秘密武器 共創高峰

　　巨蟹在這世上最愛的、最想照顧的就是自己的家人、族人、同類人，只要能扯上關係或有共同之處，便掏心掏肺、犧牲奉獻，而且完全不求回報，是一個寬大為懷、溫厚親切的人，不過，容易膽怯畏縮，也沒什麼主見，經常處於猶豫不決的狀態。

　　生性敏感，尤其對於人情事故的細微變化，更是感知深刻，很會看人臉色，但卻不懂得排解情緒，再加上習慣以悲觀負面的角度來解讀事情，以致於常自陷憂傷可憐的氣氛之中，難以自拔。

面對不合理或不舒服的情況時，總是不自覺地壓抑情緒，等到忍無可忍時，才整個大爆發，猶如突然投下一顆原子彈，讓人感覺情緒反應十分兩極。理財觀念強，不僅精打細算，而且懂得對收入和支出做完善規畫，絕不會發生寅吃卯糧的慘劇。

天蠍外冷內熱，總是以面無表情的冷酷姿態出現在人群之中，使得大多數人都不敢靠近，深怕被天蠍陰冷的暗箭刺傷，然而，巨蟹對天蠍不僅沒有這麼強烈的敵意，甚至能用同理心去和天蠍相處。當大家都說天蠍喜歡用權謀、來陰的，巨蟹倒覺得那只是一種保護自己的方法，並非想要惡意攻擊他人；當大家都對天蠍敬而遠之，巨蟹卻願意用最真誠的心去關懷天蠍，這一點讓天蠍特別感動。

天蠍放在內心深處的熱情，被巨蟹用溫暖善意一點一點地勾動，於是，兩人的心靈變得更相

通，默契也越來越好，雖然，偶爾也會有摩擦或意見分歧的情況，但因為彼此信任，且都有溝通的誠意，所以最後一定可以順利化解紛爭，繼續友好地互動下去。

◇ 如何調出兩人的美味關係？

兩人對於事情的看法、欣賞的風格、喜歡的類型，總是不謀而合，好像這些狀態是特地為彼此量身定作似的，契合得令人驚嘆。因為溝通管道暢通、做事速度和方法相近、相互信任依賴，又有共同的理念，所以很適合成為親密夥伴，無論是哪一方面的合作搭配，都能創造出好成績，是一段值得終生經營的正面關係。

 **天蠍 vs 獅子**

關係指數 ★★

特調滋味 甘苦交混

秘密武器 尊重對方

　　獅子把自己定位成一個君臨天下的王者，所以喜歡指揮別人、習慣發號施令、重視排場、講究氣氛，無論出現在什麼場合，一定要成為最閃亮的那個顆星，炫目華麗且光芒四射，若有人膽敢對君威不敬或對君命不從，必以威猛狂嘯的獅吼功伺候，非要對方懾服不可。

　　熱情樂觀，正直誠懇，魅力十足，在群體中能發揮以正面能量感染他人的效果，即便自己遇到煩惱或傷心的事，仍願意伸出援手去幫助別人。具創造力和戲劇天份，樂於將自己心裡真實的想

法，藉由創意和表演與人分享，沒心機，不計較，更無害人之心。

因為自命不凡，所以驕傲自大、霸道武斷，因為自封為王，所以不容異己、重權要勢，而且脾氣特別大，為所欲為，只要有人不小心犯了忌諱，就大動肝火，容易讓人留下喜怒無常的印象。

天蠍有掌控欲，獅子也有掌控欲，兩人的差別在於，天蠍喜歡在暗地裡籌畫進行，絕對低調，也不找幫手，像個夜行的忍者，自己搞定一切。而獅子走的則是公開化、透明化路線，常常連被視為最高機密的戰略，都可能因為一時心情大喜，或與人酒酣耳熱之際，不小心就嘩啦啦地講了出來，沒什麼祕密可言。

除了都具有掌控特質之外，天蠍和獅子在許多地方卻是大反差，例如天蠍只對非常熟識與信任的人熱情，但獅子則一視同仁，又譬如天蠍喜

歡細火慢燉，獅子喜歡快火大炒，天蠍愛黑暗，獅子愛光明……明顯地，雙方存在於兩個不同世界，或許性格上有那麼一點小小的相似，但本質是不同的，若硬要勉強相處，彼此都會覺得很痛苦。

◇ 如何調出兩人的美味關係？

基本上，兩人的性格差異是不小的，不是快與慢、熱與冷的組合，就是動與靜、攻與守的搭配，很難被放在同一個天秤比較，也極少被拿來一起配對。但其實雙方還是有一兩個相似之處，暗暗地支撐著彼此的友誼架構，只要一方肯用心發掘，並將自己的想法誠懇地表達出來，很快就能打破藩籬，建立良好新關係。

 # 天蠍 VS 處女

關係指數 ★★★★

特調滋味 甜酸適中

秘密武器 惺惺相惜

　　處女的分析能力和組織能力皆高人一等，不管面對再怎麼混亂雜錯的狀況，都能在最短的時間內理出一個清楚明確的頭緒，以及讓所有人都覺得滿意的結果，勤奮努力，堪稱處事高手、效率達人。

　　精密有序是基本要求，確實負責是中心思想，完美無瑕是必達標準，即使因此必須過著嚴謹忙碌的生活，亦覺得開心充實，毫無怨言。雖然，表面看起來是一個事事實際、利益分明的人，其實具有高度熱忱，樂於為需要幫助的人提供服務。

自己嚴守紀律，也強迫別人跟著遵循，看什麼事都不順眼，愛批評、愛挑剔，整天嘮嘮叨叨、碎唸不停，讓旁人大呼吃不消。在人前的表現總是謙遜有禮、不爭不搶，但在人後的真實面目卻是錙銖必較，手上不僅握緊了箭，同時也備好了盾，可攻可守，絕不吃虧。

　　天蠍在下一個決定之前，必經過審慎的考慮，在投入一個計畫之前，必經過仔細的評估，隨時都保持著認真專注的態度，具有強烈的輸贏勝負之心，且不堅持到最後一刻，絕對不會放手。處女做事十分嚴謹，每個細節和步驟都要經過再三確認檢查，才會真正著手進行，力求每次出擊都有完美演出，對自己要求很高，對別人亦同樣挑剔，是一個原則明確、動作精準的高標準執行者。

　　雖然，天蠍欣賞處女的細密和負責，處女也認同天蠍的執著和堅定，但兩人終究都是往細處裡鑽的人，當雙方立場與目標一致時，必能合作

無間，但若稍有擦槍走火的誤解出現時，恐怕明爭暗鬥的激化程度，會超乎所有人想像，所以還是保持適當距離，以策安全。

◈ 如何調出兩人的美味關係？

彼此之間存在著一股莫名的吸引力，但卻不十分強烈，清清淡淡、輕輕盈盈，相處的時候，感覺愉悅自在，不相處的時候，也不會特別想念，像是一種相互欣賞但不親密的隨緣感覺。其實，雙方各有優點，倒是缺點的部份比較類似，所以特別需要相互提醒、規勸，把對方當成明鏡，隨時修正自己的缺失，才能共同進步提升。

# 天蠍 VS 天秤

關係指數 ★★★

特調滋味 甜中帶苦

秘密武器 各退一步

天秤很在意平衡的問題，左邊是十公斤，右邊也要是十公斤，左邊放了一朵花，右邊也要放一朵花……只要一看到左右不對稱，就覺得渾身不舒服，非要想辦法改善，直到合乎公平公正的標準為止。

為人客氣溫和，與人相處融洽，喜歡愉悅舒服的氣氛，所以總是盡其所能地避免爭端是非；當問題的關鍵人是自己時，委曲求全、以和為貴，當問題出在他人身上時，則自願擔任居中協調者，為的就是能大事化小、小事化無，大家和睦愉快

沒紛爭。

注重形象，氣質出眾，親和力與溝通力特別好，活躍於各個人際社交圈，擁有迷人又知性的公關魅力。浪漫的理想主義者，紙上談兵的功力遠遠超過真槍實彈的實戰經驗，再加上愛享樂、不愛工作的習性，容易給人安逸懶散、光說不練的印象。

天蠍在還沒做好萬全準備之前，絕不會上場演出，即使旁邊的慫恿聲和催促聲不斷，依然可以保持冷靜，好像正在閉關的高僧，進入禪定狀態，不為任何雜音與干擾所動，臨危不亂。天秤雖然速度快，但還不至於讓人覺得衝動莽撞，只是和天蠍比較起來，顯然少了許多應有的原則與堅持，容易被人牽著鼻子走。

基本上，天蠍和天秤並沒有什麼大衝突，頂多天蠍覺得天秤不需要為了求圓融而配合每一個

人，或不應該為了貪圖快速享受而逃避責任，而天秤則對於天蠍老是裝神祕、裝冷酷的習性頗不適應，簡單說來，天蠍和天秤彼此間的互動並不親密，也不致於有太大的問題，始終處於一種你不犯我、我不犯你淡然的狀態。

◈ 如何調出兩人的美味關係？

一個是急性子，一個是慢郎中，兩人的關係並非絕對的對立，相互干擾與相互協助的部份也不大，就像曾經打過照面，但彼此不熟，只是各自過著生活的鄰居。既然雙方之間有本質的差異，就要學著尊重對方的想法和做法，一方不可強勢的要求，另一方也不需以弱勢自居，否則久了一定會爆發難以想像的問題，倒不如平時就建立平等的觀念，自然就可相安無事地繼續相處下去。

# 天蠍 vs 天蠍

關係指數 ★★★★★
特調滋味 香辣夠味
秘密武器 共創高峰

　　天蠍因為精明幹練、執著專注，所以被人視為不好惹的狠角色，又因為嫉惡如仇、報復心強，而被當作可怕的冷血者，在群體之中，就像一個天生的絕緣體，凡人不敢靠近、常人避免接觸，大家都躲得遠遠的，深怕一不小心就成了毒螫下的祭品。

　　外表看起來冷酷幽暗、默不作聲，其實是一個外冷內熱、用情至深的人，全身散發神祕的吸引力，一旦決定付出，就難以收回，而且要求對方同等投入，否則玉石俱焚；無法忍受被背叛，

佔有欲極強。

具有如偵探般敏銳的直覺和洞察力，能一眼看穿對方心裡的真實想法，主觀意識強烈，對於追求真相和揭發內幕特別感興趣。善用謀略，執行力強，勇於克服困難，不輕易被挫折打倒，說到做到，絕不含糊其事或打馬虎眼，極具競爭力。

天蠍的外表看起來冷酷漠然，其實比誰都喜歡重口味的人生，愛要愛得澈底、恨要恨到入骨、好要好到心坎裡、壞要壞到讓人不寒而慄，總之，每一句話和每一個動作都要做到極致，讓自己和週遭相關的人永遠也忘不了，是一個狠勁十足、說到做到的人。

當天蠍遇到另一個天蠍，會有一種濃烈的歸屬感，因為一般人總是不敢靠近天蠍，或是經常誤解天蠍的意思，讓天蠍覺得知音難覓。但是，與同樣專注堅毅的天蠍相處就舒服自在多了，不

必費唇舌解釋、不需花力氣引導，只要一個眼神、一個直覺、一個默契，就能充分瞭解對方的意念。有時，兩人也會因為爭執而以毒螫互攻，拚得你死我活，但其實這只是天蠍特有的溝通模式，對深摯情誼毫無影響。

◈ 如何調出兩人的美味關係？

你有的，對方也有，你缺的，對方也缺，兩個人就好像照鏡子一樣。感情好的時候麻吉得不得了，但是一言不和、起衝突時，嚴重性也會甚於其他人。其實，彼此對對方的心情是惺惺相惜的，不僅相互欣賞優點，也會為對方的弱點擔心，那麼，何不勇敢地表達出自己心裡真正的心意呢！兩人應該經常交換生活心得，多給予對方鼓勵，要說氣話之前先冷靜一會兒再溝通，即可避免無謂的爭端。

天蠍 vs 射手

關係指數 ★★★

特調滋味 平淡無奇

秘密武器 各司其職

　　射手就像讓人心情大好的暖陽、可治百病的笑聲、充滿希望的正向能量，一切變得如此美好，是一個人人都想接近和學習的對象。喜歡接觸新事物，經常旅行，結交各領域的朋友，富哲學思考，同時具有行動力和實踐力，所以智慧過人、知識廣博。

　　不受框架的侷限，不理會制度的規範，熱愛自由，奔放開闊，即使付出的代價是不斷地被騙、被傷害，亦無所謂，依然樂觀開朗，勇敢冒險，為的就是尋找別人一輩子也到不了的奇境聖地。

口沒遮攔、快人快語，往往刺傷了對方的心卻毫無知覺，老是顧著自己開心，卻忘了替別人著想。過於理想化，還沒想清楚得失利弊就直接衝出去，十次有九次都以傷痕累累收場。說話誇大，動作誇張，又害怕承諾，特別容易給人留下不牢靠的負面印象。

天蠍的耐力相當驚人，既能忍、又能撐，任何目標只要訂妥、任何承諾只要一說出口，一定會想辦法達成，即使需要上刀山下油鍋，也會咬牙度過難關。射手做人隨意、做事隨興，衡量一件事好壞的標準在於有沒有意思和有沒有意義，至於世俗標準的所謂成敗，則完全不放在心上，是一個做事有熱情，卻無法持久的人。

天蠍和射手的個性很不一樣，但組合之後竟產生了微妙的變化，也就是說，當事事小心的天蠍遇到神經大條的射手時，會自然地慢慢卸下心防，因為天蠍發現射手原來是一個樂觀直率的浪

人，既不牽涉利益，也不用心機，相處的感覺特別輕鬆愉快，而射手也樂於和天蠍保持友好關係，兩人雖不易成為生死之交，但互動起來應不會有太大障礙。

◈ 如何調出兩人的美味關係？

對方的長處是自己缺乏而且羨慕的，對方的短處是自己獨有而且有能力幫助對方改善的，彼此的關係就好像優缺點互補的組合。剛開始相處時，可能因為性格的差異而有所保留或顯得尷尬，但只要一方願意先卸下防衛的面具，拿出具體的誠意來，兩人之間立刻多了一座用溫暖和真誠造成的友誼橋樑，從此相輔相成、愉快融洽。

 # 天蠍 vs 摩羯

關係指數 ★★★

特調滋味 甜中帶苦

秘密武器 各退一步

摩羯喜歡遵循古法、重視禮教、實力雄厚，而且特別強調安全，凡事只要可能承受風險，哪怕只是小得微不足道，談不上任何威脅，一樣會斷然拒絕，是一個不折不扣的老頑固、老長官、老學究。

一生之中有百分之九十的時間都用在工作上，除了真實的工作時間比一般人長許多之外，連休息、甚至睡覺都在想與工作有關的事，是大家公認的工作狂，生活規律而缺乏變化，刻板而不懂情趣，成熟而過於嚴肅拘謹，認真可靠而沒有意

外的驚喜。

　　深沉內斂，情感壓抑，有點悲觀傾向，但意志力和執行力十分驚人，一旦確定目標就不會改變，持續穩定地前行，雖然速度不快，但是步步走得踏實，再加上絕佳的領導力與組織力，往往能成為跌破大家眼鏡、最後坐上成功者寶座的人。

　　天蠍的冷是深沉的，摩羯的冷是嚴峻的，兩人都屬於冷派人物，與人相處時不苟言笑，自我獨處時謹守規則，絲毫不放鬆，皆是自律甚嚴的人。對於大多數人來說，天蠍和摩羯都算是難相處的人，但彼此對對方的觀感卻不是如此，天蠍覺得摩羯認真勤奮，堪稱眾人的楷模，摩羯認為天蠍堅定專注，是一個可敬的對手，雖然雙方還不到互相吹捧的地步，但相互欣賞是明顯可見的。

　　不過，有原則的人標準都比較嚴苛、脾氣也不可能太溫和，所以，當天蠍出現情緒化的表現

時，摩羯必須學會冷處理，而當摩羯變得固執難搞時，天蠍最好試著退一步海闊天空，才不致於破壞原本的契合度，鬧到兩敗俱傷。

◇ 如何調出兩人的美味關係？

從外表看來，兩人喜歡的事物和行事的風格似乎不完全相同，但若仔細研究分析，就會發現根本是殊途同歸的同路人。兩人不但有著極大部份的相似特質，而且還有共同的習性和興趣，如果能時常彼此分憂、分擔、分享，便可讓原有的優點發揮得淋漓盡致，且對於增長見識和改善缺點亦有莫大助益。

 # 天蠍 VS 水瓶

關係指數 ★★

特調滋味 甜鹹不調

秘密武器 相互包容

　　水瓶忽遠忽近、忽淡忽濃、忽冷忽熱的詭異性格，總是得到兩種極端的評價，那些熟識的麻吉好友，異口同聲說這就是不矯揉造作、自然泰若的真性情表現，而那些初次見面的陌生人，則破口大罵：「不懂地球遊戲規則的外星人，有什麼好賤的啊！」

　　獨立創新，冷漠主觀，叛逆孤僻，以致於在群體中顯得格格不入，常常冷不防地就躲進只有自己瞭解的世界，與世隔絕，不想理人，也不想被理。其實，內心裡深藏著博愛、為人類服務的

高度理想，只是懶得解釋，覺得時機到了，該懂得的人就會懂得，不需多費唇舌。

雖然才華洋溢，但不刻意外露，雖然具備賺大錢的能力，仍淡泊名利，一生最怕的事就是失去自由，寧願當一個餓著肚子卻滿懷理想的自由鬥士，也不願成為口袋滿滿卻綁手綁腳的大富豪。

天蠍痛恨被背叛的感覺、無法忍受隱私曝光、害怕被認為不夠權威，所以一直很努力在維護自己的私人領域，不准閒雜人等靠近，也拚命地加強實力，企圖以亮眼成績讓大家心服口服。水瓶熱愛自由，同樣不喜歡讓別人進入自己的世界，但不會刻意防範圍堵，一切順其自然，不認為耍手段、用心機，就能達到自己想要的目標。

天蠍覺得水瓶做任何事都不投入，不僅自命清高、自以為是，還常常破壞遊戲規則，不信守承諾，而水瓶則認為天蠍愛玩權謀、不夠坦蕩，

掌控欲和嫉妒心超乎一般人想像的強烈，讓人有喘不過氣來的壓迫感。天蠍和水瓶既無法理解對方的想法，也不願給對方機會，兩人若想取得共識、和平相處，似乎有許多障礙等著被克服。

◈ 如何調出兩人的美味關係？

一個要往東，另一個就想往西，一個覺得美妙開心，另一個就嗤之以鼻，兩人來自不同的世界，話不投機、水火不容，不管從哪個角度切入都無法找到共同點，若硬要湊在一起，只會消耗彼此的時間和精力，並留下一堆歇斯底里的怨言。倒不如學著尊重對方，你走你的陽關道，我過我的獨木橋，不強求，也不期待，彼此會過得更快樂。

 天蠍 vs 雙魚

關係指數 ★★★★★

特調滋味 鮮甜入味

秘密武器 相輔相成

　　雙魚愛上的是一種感覺，一種迷濛夢幻的感覺，一種無法具體描述，但卻使人無限依戀的感覺，那是精神層次的追求、心靈寄託的依歸，只有遠離複雜刺激、針鋒相對、物欲橫生的陸地，回到溫暖柔軟的廣濶海洋，才能放心地悠遊，感受前所未有的舒適安全。

　　天真浪漫，單純脫俗，慈悲體貼，特別同情貧苦弱勢的可憐人，即使自己只剩一碗飯，也會毫不考慮地先給最需要的人吃，然後再一邊忍受飢餓、一邊尋求更多援助，是一個善良又寬厚

的人。

喜歡逃避，自制力弱，缺乏判斷力，容易受騙或受誘惑，而且一旦陷入深淵就很難自拔，經常遊走在善與惡的交界。直覺、潛意識、玄學、神祕學等靈性方面的啟發能力極強，藝術天賦高，在音樂、戲劇、寫作、舞蹈等方面的表現優異，令人讚嘆佩服。

天蠍冷酷的外表總是讓人記憶深刻，而且還常因此嚇跑許多原本想要示好、靠近的人，但其實天蠍內心熱情如火，只有所愛的人和熟識的人才有幸看到這方面的表現。而雙魚給人的感覺倒是滿一致的，永遠保持親和力、溫柔寬厚、高配合度的形象，毫無壓力，輕鬆又舒服。

天蠍是陰暗，雙魚是陰柔，都有陰沉的一面，所以兩人的頻率可以調到同一個頻道，相互磨合搭配，合作無間。有時，當天蠍身陷低潮，需要

他人鼓勵，雙魚努力扮演心靈導師的角色，讓天蠍可以在最短的時間內加滿油，繼續往目標前進，偶爾，當雙魚心情沮喪，天蠍則成為堅強後盾，全力作好強力的支撐，讓雙魚可以勇敢面對困境，越顯茁壯，因此，兩人的情誼總是能自自然然、長長久久。

◇ 如何調出兩人的美味關係？

兩人的契合度是百分百，一方只要眨眨眼，另一方就知道意思，是靈魂伴侶，也是精神支柱，更是可以同甘苦共患難的知心好友，不必多說就能心領神會，無論在一起做什麼都覺得開心自在，而且理念和價值觀一致，即使偶爾發生意見分歧的狀況，也很快就能取得共識，並尋得解決之道，互動關係十分完美。

12 星座笑傲群星的過人特質

牡羊　行動力，勇敢，急躁，天真，自信。

金牛　節儉，耐力，固執，鑽牛角尖，穩重。

雙子　幽默，速度，機智，話多，八卦。

巨蟹　愛家，敏感細膩，懷舊，包容力，情緒化。

獅子　領導力，創造力，表演天份，自大，風度。

處女　責任感，批判，守規矩，挑剔，細心。

天秤　猶豫，社交力，愛美，和諧，善辯。

天蠍　心機，嫉惡如仇，吃醋，冷酷，神祕。

射手　愛玩，樂觀，熱情，誇張，神經大條。

摩羯　事業心，執行力，堅持力，嚴肅，認真。

水瓶　創意，搞怪，博愛，理性，好學。

雙魚　浪漫，胡思亂想，心軟，逃避，藝術天份。

PART 4

天蠍與各星座的愛情協奏曲

當天蠍與各個星座掉進愛的漩渦時，

怎麼做才能擁有一段讓人動心、覺得窩心、

感到開心的愛情呢？

這裡有祕技在此公開。

天蠍 love 牡羊

　　牡羊情人的脾氣爆點很低，一觸即發，稍有不對勁就大發雷霆，不鬧到滿城風雨絕不罷休，最好再來個對方被嚇到屁滾尿流的戲碼，那就更過癮了。不過還好的是，脾氣來得快、也去得急，才一轉眼，臭臉變笑臉，怒氣變笑聲，像疾風驟雨後的燦爛豔陽。

　　受不了欲迎還拒、半推半就的黏膩感，一旦有了愛情的感覺，二話不說，立刻化身為愛的戰神，全力發動攻勢，誓言用最短的時間擄獲對方的心；當愛的感覺消失時，亦是直來直往，無法忍受拐彎抹角、冷嘲熱諷，有什麼不爽快就大刺刺地說出來，直接給雙方一個痛快。

　　喜歡征服的勝利感、喜歡在愛情關係裡佔上

風、喜歡對方崇拜自己的眼神，討厭不說話的冷戰、討厭對方在眾人面前不給面子、討厭對方死纏爛打，愛情字典裡沒有羞赧曖昧，只有清楚明白的要或不要。

天蠍喜歡靜靜培養、偷偷觀察、一點一滴地釋放愛意，用的是放長線釣大魚的策略，一旦愛上就不放手，也不回頭，所以出手特別謹慎，必須經過長時間的各種考驗，才能得出可靠的結論。牡羊對於愛情的小心程度不及天蠍的萬分之一，因為牡羊覺得愛是即興的感覺，可以想愛就愛、就忘就忘、想分就分，不太管對方的感受，對於愛情狀態的轉換毫不猶豫，甚至視為一種理所當然。

天蠍看不慣牡羊的作風，認為牡羊只把愛情當遊戲，既不認真，也不負責任，這些表現對天蠍來說，都是最要不得的大忌，但牡羊卻從不覺得這麼做有何不可，雙方的愛情價值觀天差地別，

很難相互妥協。

◇ 如何吹奏兩人的愛情協奏曲？

　　彼此之間好像隔著千山萬水，只能遙遙相望，不太有機會親近對方，而雙方也的確都沒什麼相互接觸的意願，屬於感情難以培養的組合。每次好不容易努力把兩人送作堆，卻又狀況連連，不是一方莫名地礙著了另一方，就是雙方互不給好臉色，實在難相處，所以，兩人特別需要學習摒除成見與耐心溝通，才有可能進一步往好的方向發展。

讓牡羊動心的祕技 天真坦白，樂觀，

不囉嗦。

讓牡羊窩心的禮物 玩具、運動用品、

公仔、新上市的商品。

讓牡羊開心的場所 遊樂園、新奇的

店、速食店、運動娛樂中心。

天蠍 love 金牛

　　金牛情人沒有搶取豪奪的氣勢，也沒有你死我活的狠勁，但卻有一千度的強烈佔有欲，只要對方的眼神因為其他異性而稍微飄移、心思因為若有所思而小幅振盪，立刻醋勁大發，生悶氣、大聲甩門、拒絕親近等招術紛紛出籠，表示嚴重抗議。

　　喜歡吃美食、美麗的餐廳、有質感的禮物，只要營造具備這些元素的場景，兩人世界頓時如花團錦簇般夢幻美好，感情急速加溫。無論感情再怎麼長久、甜蜜，都不要牽扯到任何的金錢借貸關係，否則晴天馬上變雨天、熱情馬上變冷漠，千萬別挑戰節儉王的底線。

　　忠心誠懇，深情專注，執著持久，不玩愛情

遊戲，一旦愛了就全力以赴，不僅心無旁鶩地愛著對方，而且早已偷偷計畫兩人的未來，相戀、結婚、生子、偕老……即使八字只有一撇，還是覺得開心滿足。

天蠍有一種強烈的保護色彩，不容他人侵犯，也不任意開放，一旦談起戀愛來，則立刻把情人也拉進自己的專屬世界，只想兩人卿卿我我，強調閒人勿進，而金牛對於愛情的態度則和天蠍有異曲同工之妙，也是一個會盡心盡力經營感情世界的人。

天蠍和金牛處理愛情的手法略有差異，例如天蠍會想盡辦法報復背叛的情人，但金牛頂多氣在心裡，沒膽做些什麼，天蠍是激進的、外冷內熱的，金牛是深情的、默默耕耘的。不過，天蠍和金牛有更多的共同處，譬如佔有欲強、專情、不花心、從一而終等等，雖然兩人在不同方面有強弱程度之差，但最終仍是殊途同歸，有機會共

創美麗未來。

◇ 如何吹奏兩人的愛情協奏曲？

　　一開始就注意到對方，但沒有好感，看不順眼，隨口就可以講出對方千百個令人討厭的缺點，沒想到慢慢地，越看越有趣，臉上笑容變多了、心變柔軟了、喜上眉稍的感覺藏不住了，冤家變親家，一段致命吸引力的情緣從此展開……既然彼此真有愛意，就應該多包容、多站在對方的立場思考，相互磨合修整，互斥自然就變成了互補，美麗圓滿。

讓金牛動心的祕技 可靠，幽默，有藝術品味。

讓金牛窩心的禮物 藝術品、珠寶、園藝用品、各式招待券。

讓金牛開心的場所 美麗與美食兼具的餐廳、藝術中心、郊外。

 天蠍 love 雙子

　　雙子情人的愛情態度被大家貼上「花心」的標籤，但自己對這樣的評價卻不以為然，總覺得自己只不過是真實呈現人性多重愛欲的自然本性而已，大家實在沒必要如此嚴肅正經，更不應該為此亂扣倫理道德的大帽子，不妨輕鬆一點、放開心胸地面對愛情。

　　幽默風趣成為在愛情世界裡悠遊自得、左右逢源的最佳利器，一旦發現獵物，得手的成功率幾乎高達百分之八九十，懂得善用自己的優勢，是一個聰明、花樣多的愛情獵人。

　　愛情要讓人愉快，而不是讓人沉重；愛情生活應該精彩豐富，而不是規律穩定；愛情之所以迷人，是因為追求的快感，而不是耐心的等待；

愛情最讓人興奮的部份是達陣之前的疾速奔馳，而不是達陣之後的塵埃落定；愛情最令人回味的是曾經擁有，而不是天長地久。

天蠍的愛專注而深刻，每一段感情的投入就像每一次的重生，濃度百分百，絕無雜質，而雙子的愛輕巧而多變，每一段感情之間，可以交集、可以重疊，還可以連連看，就像玩一場遊戲，開心有趣最重要，沒有誰要對誰負責的問題。

當天蠍遇到雙子，被雙子的幽默風趣和辯才無礙深深吸引，以為自己得到一把進入幸福天堂的鑰匙，從此被愛包圍，甜蜜永遠。但好景不常，雙子開始因為天蠍的緊迫盯人而變得不耐煩、因為天蠍強烈的控制欲而更想在背地裡搞七拈三，最後，天蠍承認自己看走眼，決定停損出場，雙子則離開心更寬，兩人都坦然接受不速配的事實。

◇ 如何吹奏兩人的愛情協奏曲？

大部份的時候，雙方就像兩條平行線，很難有交集，既不想知道對方的任何訊息，也不可能主動關心對方，總是各自為政、互不搭理。因為彼此沒有互動的渴望，所以即使有接觸的機會，也很難建立在愛情上。基本上，要兩人相安無事地相處，並非難事，反而要培養出情投意合的愛意是比較不容易的，所以，一定要不斷地運用各種方式激發出自己與對方的熱情，才有可能長相廝守，直到永遠。

讓雙子動心的祕技 不黏膩，變換花招，有新鮮感。

讓雙子窩心的禮物 渡假招待券、手機、益智遊戲、趣味商品。

讓雙子開心的場所 咖啡廳、百貨公司、旅遊景點、大賣場。

天蠍 love 巨蟹

　　巨蟹情人要的愛情是一份包含了溫柔體貼、善解人意、至死誓言的安全感，暖暖的、厚實的、永恆不變的。在真愛來臨之前，害羞、不知所措，沉醉在真愛裡的時候，甜蜜深情，卻又惴惴不安，當真愛確定不移之後，放心安穩，一生奉獻，毫無保留。

　　雖然，兩情相悅的美麗情懷是不可欠缺的，但更圓滿美好的表現應該是再加進像家人一樣的親情，因為那才是不怕洪水猛獸侵襲、不懼天崩地裂破壞的情感，源源流長，直到永遠。

　　容易猶豫不定，且情緒起伏較大，所以需要對方循序漸進的引導，以及耐心地守候，不適合火力全開的激烈攻勢。兩人爭吵時，無法在第一

時刻把思緒理清楚、把話說明白，必須經過一段時間冷靜思索，才會有答案，對方若一昧強硬逼迫，不但無效，還可能產生反效果。

天蠍是一個自我保護意識十分強烈的人，為了避免受傷、受騙，總要觀察很長的時間，才能決定要不要付出真愛，而這段期間，天蠍是冷靜又冷酷的，完全不讓任何人有機可趁，只想心無旁騖地檢驗測試，選定一個最適合自己的長期伴侶。巨蟹也會為了不讓人傷害而努力做好自我防衛措施，但堅定和嚴厲程度卻不及天蠍，所以總是很快就被對方突破心防，長驅直入地攻佔。

天蠍和巨蟹對於愛情的態度都謹慎、忠誠度都很高、投入的情意都很誠摯純粹，天蠍會想保護善良的巨蟹，巨蟹會想給予天蠍溫暖，兩人不僅相互包容，而且愛意綿綿，是讓大家羨慕不已的一對。

◈ 如何吹奏兩人的愛情協奏曲？

　　兩人有共同的性格特質和興趣，什麼話題都能聊，在一起做什麼都覺得開心，對方有的傲人優勢，自己也有，所以可以痛快暢談，而對方有的不為人知的缺點，亦心有戚戚焉，所以不必費心遮掩，感覺特別輕鬆自在，算是一組契合的配對。但要注意的是因為同質性高，怕日長生膩，因此必須特別用心經營，才能長久維持下去。

讓巨蟹動心的祕技 愛家，關懷體貼，寵愛。

讓巨蟹窩心的禮物 手工藝品、傢飾品、仿古傢俱、田園風格商品。

讓巨蟹開心的場所 花店、安靜溫暖的餐廳、跳蚤市場、懷舊之地。

天蠍 love 獅子

　　獅子情人所認定的愛情是轟轟烈烈、濃情蜜意、瘋狂烈愛……總之，就是一個不折不扣的重口味者，一旦陷入愛河，勢必高調地昭告天下，深怕漏掉一耳一目，而此舉的目的不僅是為了享受引人側目、招來嫉妒的得意感，更想讓對方感受到雄渾烈火般的愛意。

　　愛面子又不認輸，即使是自己做錯也不許別人笑，堅持保有尊貴的地位和非凡的氣勢，對方只要懂得順著獅毛梳理，不硬碰硬或逞嘴上之能，一定可以贏得歡心，過著吃香喝辣、橫行無阻的風光生活。

　　雖然有自己的喜好和行事風格，而且有些霸氣、自大，卻不會隨便亂發脾氣，只是一旦對方

犯了大忌，引發獅子發火，可能就很難收拾了。喜歡群聚的熱鬧氣氛，真正為兩人世界所花的時間和心力不多，把情人和朋友放在一起玩樂的模式似乎才是最愛。

天蠍喜歡說清楚講明白，當對方接受彼此是情人關係的那一刻開始，立刻要對方拿出誠意、高舉著手、大聲說:「我絕不欺騙、絕不偷腥、絕不背叛，否則出門被車撞！」之類的毒誓，目的就是要用無形的力量控制對方的蠢蠢慾念，達到堅貞忠心的效果。然而，獅子根本不吃這一套，就算初識時為了贏得天蠍的心，發了一堆一個比一個還狠的毒誓，也不以為意，一旦發現獵物靠近，照樣心花怒放、春意蕩漾。

天蠍不懂獅子為什麼像隻野獸似的，見人就愛，獅子也覺得天蠍沒必要把愛情界線畫得那麼清楚，搞得大家緊張兮兮。總之，兩人之間既沒有相通的愛情語言，也毫無共識，相愛不易，相

處更難。

◈ 如何吹奏兩人的愛情協奏曲？

　　無論談什麼話題，不是各持己見，就是相互批評，根本是話不投機半句多，對生活的態度，一個灑脫一個嚴謹，對愛情的認知，一個開放一個收斂，簡直是秀才遇到兵，有理講不清，實在很難溝通。兩人之間最欠缺的就是傾聽對方心裡的聲音，若只是一昧地表達自我想法或堅持自我主張，恐怕連和平相處都有困難，更不可能談情說愛了。

讓獅子動心的祕技 讚美，順從，玩樂的興致高昂。

讓獅子窩心的禮物 華麗閃亮的飾品、太陽眼鏡、高價精品、皮件。

讓獅子開心的場所 舞廳、五星級飯店、高級俱樂部、狂歡派對。

天蠍 love 處女

　　處女情人的規則多如牛毛，異味止步、指甲不能太長、看書時不能用力折……這些規則讓那些搞不清楚狀況的人動輒得咎，前面那條規則都還沒瞭解透澈，接下來的一句話或一個動作，又馬上又犯了錯，簡直就要把對方搞瘋了，而自己也因為氣到爆青筋而快出人命。

　　喜歡談有建設性的話題、喜歡具學習價值的活動、喜歡可獲取實質利益的工作，謹慎務實的特質讓愛情變得不怎麼浪漫，但對於個人性格的磨練與成長，倒有極大的幫助。

　　把親情、友情與愛情切割得一清二楚，無論是自我認知或實際行為，都沒有模糊地帶，執行嚴明，同時也要求對方達到一樣的標準。雖然，

愛挑剔，愛叨唸，但卻是一個以誠相待、對感情負責，交往到一定程度即願意與對方攜手共度一生的情感穩定份子。

　　天蠍愛上一個人時，濃情猶如純度一百的經典巧克力，蜜意就像不純砍頭的得獎蜂蜜，全心全意，絕無雜質，保證讓對方成為全天下最幸福的情人。處女對於愛情有期待、沒幻想，若真的不小心尋得一個愛情與麵包兼具的完美情人，當然是普天同慶的樂事，但如果沒那麼好運，起碼也要是值得託付一生、願意共創未來的忠實情人，否則絕不會浪費時間跟對方玩談情說愛的肉麻遊戲。

　　天蠍和處女都是認真愛、努力付出的人，既不心存僥倖，也絕對沒有玩過就丟的心態，天蠍的熱情軟化處女的心，處女的忠誠讓天蠍放心，兩人相知相惜，感情越陳越香，甜蜜又幸福。

❖ 如何吹奏兩人的愛情協奏曲？

　　雙方的契合感是渾然天成的，不矯情，不必刻意培養，即使單純地坐著也覺得愉快，對於某些事或某些狀況能很快地取得共識，不僅愛情指數穩定向上攀升，就連愛情濃度也持續增高，彼此相親相愛的情景羨煞所有人。所以，兩人只要堅持不讓沒事變有事、小事變大事，就能安然無恙地共創美好未來。

讓處女動心的祕技 有禮貌，乾淨整齊，知性話題。

讓處女窩心的禮物 健康用品、有機食品、筆記本、精美日用品。

讓處女開心的場所 強調健康概念的餐廳、聽演講、博物館、書店。

天蠍 love 天秤

　　天秤情人是標準的「外貌協會」，除了自己愛美、注重形象之外，就連情人的長相、氣質、穿著打扮，甚至生活品味，都要一併列入考慮，只要稍有差池就淘汰，平時喜歡當濫好人，為了顧全大局，總是鄉愿妥協，但與外形有關的部份絕不會委屈求全。

　　讓這個人滿意了，可能那個人就生氣了，同意了這邊的要求，就等於拒絕了那邊的好意……最怕陷入兩難的矛盾情緒，一遇到需要抉擇的場面，不是刻意敷衍，就是隱遁逃避，直接來個不問不理。

　　對於愛情的態度是柔軟清爽，而不是濃郁強烈，即使是情人之間的相處，也只像一陣舒爽輕

柔的風，或像一條澄淨透明的溪水，或像時而淡香、時而無味的空氣，絕不是熾茂燄盛的烈愛，也不是糾糾纏纏的熱情，和一般人對愛情的期待大不相同。

天蠍愛得很用力，也要求對方同等付出，不喜歡唱獨腳戲的淒涼感，更痛恨對方不夠全心投入的疏離感，想愛就要愛得澈底，最好轟轟烈烈、乾柴烈火，就算一發不可收拾也無所謂。如果天蠍的愛像重口味的麻辣鍋，天秤的愛就是少油少鹽、清爽淡味的清粥小菜，吃的時候很享受，但吃過之後很快就忘了味道，而且清粥可以搭配各式小菜，今天選這個，明天換那個，變化口味，感覺更豐富。

天蠍的嫉妒心強，覺得天秤過於重視社交人際，出軌機率高，讓人不安心，天秤覺得天蠍疑心病太重，愛意被猜忌磨得所剩無幾，讓人毫無談情說愛的動力，彼此之間只有看不順眼，毫無

共識。

◈ 如何吹奏兩人的愛情協奏曲？

打從相識之初，兩人就覺得不對盤，若是繼續相處下去，非但情況不易好轉，甚至每況愈下，最後只好以漸行漸遠收場。彼此的性格完全不同，喜好幾乎零交集，沒有共同話題，難以理解對方的思考模式，對於參予對方的生活更是興趣缺缺，所以，如果雙方仍想要攜手共度未來，一定要懷抱著無比的決心和包容力，否則最後還是要說再見的。

讓天秤動心的祕技 溫和，精心打扮，

熱情。

讓天秤窩心的禮物 時尚精品、香水、

音樂盒、設計師名品。

讓天秤開心的場所 優雅的咖啡廳、流

行商品店、名牌店、音樂廳。

天蠍 love 天蠍

　　天蠍情人的愛情是濃密厚實、是深沉入裡、是專心一致、是飛蛾撲火、是欲念橫流……是沒有做好心理準備就陷落的人，承受不起、也消化不了的。滿滿一缸醋罈子，隨時等著打翻，對情人的精神與肉體施以同樣嚴格的控管，連一點細縫都不留。

　　疑心病重，心思縝密，觀察力過人，喜歡追根究底，對方只要有一點不對勁，便立刻著手調查，而且是暗中偵察，絕不會做出打草驚蛇的傻事，非要查個水落石出不可，並保證讓對方心服口服。

　　只要認定了一個人、一段感情，再多犧牲奉獻也覺得心甘情願，最痛恨欺騙和背叛，對方若

膽敢在背後亂搞，即使僅有一次，也會立刻被判死刑，不但永無翻身之日，還可能遭到嚴厲的懲罰和報復，是一個佔有欲極強、寧為玉碎不為瓦全的激情份子。

天蠍的愛就像原子彈，一旦投下，威力十足、影響至深、無人能擋，可見當兩個天蠍一起掉進愛河時，其戰況會有多麼驚人的結果。天蠍喜歡掌控對方，對方也願意被掌控，雖然被控制的一方難免有綁手綁腳的感覺，但這卻是一種天蠍式的愛的表現，當一方衷心地、無悔地把自己完全交付給對方時，代表著終極的真誠與信賴，而這樣的做法絕對是讓兩人愛情長久的重要關鍵。

天蠍對於欺瞞和背叛深惡痛絕，尤其當自己對對方已投注全力，並深信不移時，更無法接受任何意外，只要稍有風吹草動，天蠍一定會澈底執行復仇計畫，誓言讓對方受到永生難忘的慘痛教訓。

◈ 如何吹奏兩人的愛情協奏曲？

　　要描述兩人在一起的感覺，最貼切的形容就是又愛又恨。當彼此磁場契合、頻率相同的時候，怎麼看怎麼順眼，就算對方講的話無聊至極，也能肉麻當有趣地笑得花枝亂顫，但如果兩人意見不和時，對對方的容忍度立刻降到零度，毫不留情面。所以，不妨多想想對方的優點和兩人曾經共有的甜蜜回憶，等氣消了、怨沒了，自然雨過天晴。

讓天蠍動心的祕技 自信，循序漸進，
不探隱私。

讓天蠍窩心的禮物 精油蠟燭、偵探小
說、占卜工具、神秘學書籍。

讓天蠍開心的場所 電影院、幽靜林
區、具靈異氣氛的場所。

天蠍 love 射手

　　射手情人無法在兩人世界耽溺太久，才相處幾天，立刻把平時陪在身邊瞎混瞎聊的好友拉攏過來，一起吃喝玩樂、遊山玩水，從兩人世界變成三人，再變成六人、十人……最後狐群狗黨全都上場，明顯多了插科打諢的歡樂氣氛，但浪漫的愛情氣息則蕩然無存。

　　沒有定性，所以無法和同一個人膩在一起太久；熱愛自由，所以無法被同一段情感長時間束縛；討厭壓力，所以無法給出一個具體的承諾。絕大部份的基本特質與愛情本質是相悖的，且改變不易。

　　因為自己開朗樂觀、大方豪邁，因此希望對方也是個正向陽光、心胸開闊的人，如果一天到

晚只在乎小細節、只是唉聲嘆氣、只想緊迫盯人、只吵著要兩人獨處、只懂得用恐嚇威脅、只會說一些假裝讚美的應酬話，那麼，兩人的結局恐怕凶多吉少。

天蠍的愛情本性雖然熱情如火，但僅在情人面前表現，其他時候，一律表現得內斂含蓄，甚至冷若冰霜，因為天蠍不喜歡透露自己的真面目和私生活，覺得保有神祕感是必要的。而射手則是有愛大聲說的熱情派代表，不但喜歡敲鑼打鼓昭告戀情，還極盡誇大吹噓之能事地向大家展示戰績，只顧著自得其樂，一點也不尊重情人的感受。

天蠍和射手是一冷一熱的組合，所以必定有其相互吸引之處，只是在短暫激情後，隨之而來的盡是衝突和拉距，再多的愛意也敵不過三天一冷戰、五天一大吵的彼此折磨，當兩人終於認清事實，就會發現分道揚鑣才是明智之舉。

◈ 如何吹奏兩人的愛情協奏曲？

　　彼此雖然生活領域不同，基本特質亦有差異，但卻因為並非全然的落差和衝突，反而有一種欣賞對方和想要向對方學習的心情。兩人時而以柔克剛或以強扶弱，時而以慢制快或以快帶慢，感覺真美妙。不過，可惜這美妙終究是短暫的，等到時間一久，最初因差異而產生的新鮮感漸淡，回歸原點，不契合的現象也就紛紛浮出檯面了。所以，兩人最佳的相處模式應該是遠觀而不褻玩，保持距離、以策安全。

讓射手動心的祕技 不約束，講笑話，
活動力強。

讓射手窩心的禮物 旅遊用品、太陽眼
鏡、笑話書、民族風飾品。

讓射手開心的場所 具異國風情的餐廳
或景點、同樂會、大自然。

天蠍 love 摩羯

　　摩羯情人凡事追求踏實安定，即便遇到以夢幻浪漫為本質的愛情，亦不改其堅定不移的態度和立場，一旦決定與某人交往，必是以結婚為前提作考慮，認真程度一如面對工作時的嚴謹負責，而且備有長期周詳的愛情計畫，絕不輕言兒戲。

　　表面看起來穩健自信，其實內心摻雜著脆弱悲觀的性格，需要身邊的人時不時地給予肯定和鼓勵，才得以抒解壓力和排解苦悶，繼續努力向前，所以情人必須扮演多重角色，既要是溫柔體貼的情人，也要是善於傾聽兼加油打氣的心靈導師。

　　不懂享受，毫無情趣，更惶論花錢花心思買生日禮物、過情人節或為紀念日慶祝，舉凡基本

生活需求之外，一切從簡，認為真正的愛情應該是兩個人老老實實地同甘共苦，而不是不知民間疾苦地拚命享樂。

天蠍對愛的執著與忠實程度絕不亞於摩羯，而摩羯投入一段感情的小心翼翼和謹慎態度，也和天蠍不相上下。當天蠍決定付出真心，由冷酷的冰變成熱情的火，連一向正經八百的摩羯都會覺得快要融化，恨不得把自己的一切都奉獻出來，以銘愛意。

天蠍和摩羯都是慢熱的人，但只要暖身夠了、準備足了，就一定全力以赴，負責到底。天蠍討厭曖昧不清的感覺，摩羯受不了糾纏混亂的關係，所以兩人絕不會踩到對方的痛處，或是犯了對方的禁忌，至於偶爾的爭執則視為必要溝通，並無大礙，彼此在真摯愛意與長久發展的共識下，終能成為被大家祝福的美滿愛侶。

◇ 如何吹奏兩人的愛情協奏曲？

　　一開始的感覺很普通，沒有心花朵朵開的浪漫感，也沒有不屑鄙視的嫌惡感，就像一般朋友。但隨著時間地積累，慢慢日久生情，好感度逐漸增加，到最後甚至有越陳越香的態勢，算是滿契合的一對。所以，雙方相處的重要關鍵在於突破初識的生疏、猜忌、冷漠，只要成功進入互有好感的第一階段，之後就能一起登上愛之船，遨遊愛之海了。

讓摩羯動心的祕技 言之有物的談話，端莊，正面思考。

讓摩羯窩心的禮物 名牌皮件、經典文具、實用的傢俱、古董。

讓摩羯開心的場所 山區、公園、郊外、書店、古蹟、博物館。

天蠍 love 水瓶

　　水瓶情人常因博愛精神而被認定為花心大蘿蔔，其實這性格特質與愛情是無關的，必須分開來看待。在還沒確定一段感情之前，廣交異性，來者不拒的行為，的確容易被當作遊戲人間的花蝴蝶，可是一旦定下來之後，則自然會收斂許多，只留唯一的真愛。

　　無論在思想或行為上，都追求最大限度的自由，只要有一點拘束限制的感覺，立刻毫不客氣地變臉走人，寧可放棄甜蜜的情愛、契合的交流、溫暖的陪伴，也要爭取自我應有的空間。

　　聰慧、自我、創新，所以特別喜歡反應快、有想法，而且夠獨立的對象，不管大部份人的愛情模式和規則是什麼，只願意接受讓自己覺得舒

服快樂的方式，即便可能因此引發爭端、招來非
議，仍堅持繼續試探衝撞，直到雙方找到相同的
頻率為止。

　　天蠍覺得情人是要被「對付」的，譬如隨機
檢查、嚴加管教、旁敲側擊、威脅利誘等招式是
少不了的，否則很容易出亂子，因為天蠍很難相
信除了自己以外的人，對於愛情能夠有多麼忠貞，
所以要想盡辦法防範和圍堵。水瓶覺得情人是要
被「對待」的，就像自己需要自由、需要被尊重
的道理一樣，水瓶絕不會對晚歸的情人興師問罪，
也不會隨便起疑心，因為己所不欲、勿施於人。

　　天蠍把水瓶互給空間的開放態度，解讀成不
投入、不專情，水瓶認為天蠍拚命打壓、傾力防
衛的結果，只會讓兩人關係更糟，雙方都還來不
及談情說愛，就已經充滿火藥味，往下發展的可
能性實在不高。

◈ 如何吹奏兩人的愛情協奏曲？

兩人性格不相容、氣味不相投、生活不搭軋，從見面的第一眼就在心裡畫一個大叉，接二連三的罵聲從心裡冒出來，只差沒有真的脫口而出，立刻列入不往來的黑名單。但神奇的是，不契合的狀況竟隨著幾次的相處，演變成不打不相識，兩人慢慢理解對方，原本的壞印象也會持續減少，所以，雙方應該試著多給彼此機會去表現各自的優點，如此一來，愛苗就有空間慢慢滋長了。

讓水瓶動心的祕技 獨立，以退為進，培養相同興趣。

讓水瓶窩心的禮物 最新科技商品、科幻小說、漫畫書、奇特商品。

讓水瓶開心的場所 3C賣場、天文館、可觀星的郊外、展覽會。

天蠍 love 雙魚

　　雙魚情人希望自己二十四小時都能在愛情海裡悠遊，不用管生活的壓力、煩人的工作、複雜的人際，只要整天和情人黏在一起，你儂我儂、甜甜蜜蜜，就等於擁有了無與倫比的快樂。

　　情緒是混雜的，情感是曖昧的，搞不懂自己到底想要什麼，說不清自己到底愛誰比較多，一旦處於質詢逼問的緊繃場面，只會選擇逃離，留下關係糾纏交雜的爛攤子。生性膽小怯懦，學不會拒絕，也不懂得分寸和自制，特別容易被人騙，或在不知不覺中騙了別人。

　　愛聽對方講心事，也喜歡講自己的故事給對方聽，快樂時一起大笑，悲傷時一起落淚，情感被交融得濃稠緊密，從此認定那就是浪漫情懷、

就是千金萬金買不到的至愛真情，但誰知過幾天又遇到情投意合的對象，所有夢幻感性重新再來一遍，彷彿沒完沒了的情愛輪迴。

天蠍是火，雙魚是水，兩個人的組合可以是水火不容，也可以是相互幫襯、互補，但如果把愛情這個微妙的元素加進來，就像一道已具備最佳食材與烹調技巧的美食，只要再加一些色彩裝飾，立刻成為令人讚不絕口的色香味佳餚。

天蠍愛恨分明，對不熟或討厭的人冷漠疏離，但對所愛的人卻是百般呵護、細心關懷，而雙魚則是沒有愛就活不下去的人，只要對方願意給、捨得給，就照單全收，永不嫌多。當天蠍努力餵食各種口味的愛給雙魚吃，雙魚總是可以全部吃光，而且一副意猶未盡的樣子，讓天蠍特別開心滿足，也因此，兩人不費吹灰之力就能維持甜蜜美好的關係。

◈ 如何吹奏兩人的愛情協奏曲？

　　初見對方的感覺，即使沒有如天雷勾動地火般的激烈，一定也有小鹿亂撞、心跳加快那種被愛神之箭射到的甜蜜感覺，簡單地說，就是好感說不完的一見鐘情。兩人才相處三天就像認識了三年似的，完全不需要適應期，也沒有使人感覺不快的隔閡，任何困難都可攜手共度，相知相隨，親暱熱切，情感濃郁的幸福程度，讓所有人都羨慕不已。

讓雙魚動心的祕技 浪漫溫柔，主動，體貼。

讓雙魚窩心的禮物 手製卡片、花、水晶飾品、巧克力、宗教飾品。

讓雙魚開心的場所 海邊、有月光的公園、動物園、靈修場所。

12 星座之天使與魔鬼

天使牡羊：熱心，真誠

　　　　　　　　魔鬼牡羊：粗暴，衝動

天使金牛：溫柔，可靠

　　　　　　　　魔鬼金牛：頑固，耍牛脾氣

天使雙子：風趣，資訊達人

　　　　　　　　魔鬼雙子：花心，沒原則

天使巨蟹：奉獻，善解人意

　　　　　　　　魔鬼巨蟹：濫情，猜疑

天使獅子：大方，誠懇

魔鬼獅子：權勢，剛愎自用

天使處女：服務，負責

魔鬼處女：批判，規矩多

天使天秤：優雅，妥協

魔鬼天秤：推拖，好逸惡勞

天使天蠍：專心，堅持

魔鬼天蠍：嫉妒，報復

天使射手：開朗，直率

魔鬼射手：直言，不切實際

天使摩羯：勤奮，謙遜

魔鬼摩羯：刻板，現實

天使水瓶：創新，人道精神

魔鬼水瓶：抽離，冷漠

天使雙魚：愛心，關懷

魔鬼雙魚：混沌，說謊

PART 5

12 種上升星座，12 種天蠍

除了基本的太陽星座，

上升星座在深入探討性格時也會被談到，

它會影響了個人的相貌特徵和外型氣質，

還包括呈現給別人看的性格面具。

 # 上升星座落在牡羊的天蠍

上升牡羊的相貌特徵

- ☆ 頭部比例明顯較大
- ☆ 不高大，但具結實感
- ☆ 手掌和腳掌比例較小

上升牡羊的外型氣質

- ☆ 精力旺盛，急躁直率
- ☆ 眼神中透出天真單純的氣息
- ☆ 直言，自然，不做作

上升牡羊的人，就像不經困境、不克服挑戰就覺得不夠痛快的勇士，精神振奮、生氣勃勃，全身散發著旺盛的精力和無懼的勇氣，行動迅速敏捷，隨時處於征戰狀態，有強烈的競爭和好戰意識，見一個打一個、見兩個打一雙，企圖以具體行動來證明自己的實力。

上升星座落在牡羊的天蠍，熱情中帶著一點冷靜，樂觀中帶著一點謹慎，率直中帶著一點盤算，只有在熟人面前才會釋放真實的情緒，而其他時候的表現都是為了迎合外在環境的一種表演。

表面上和每一個人的關係都不壞，其實能夠打從心底真正接納的朋友並不多，所以特別珍惜這些友誼，願意為他們投注自己所有的心力，但相對地，也會要求對方同等付出，長長久久經營守護。

無法接受被人出賣或背叛，一旦復仇大計

的機制啟動，必是一條不達目的絕不善罷干休的
不歸路，其力道之猛烈、狀況之慘痛，非一般人
能想像，是一個愛之欲其生、恨之欲其死的烈愛
份子。

上升星座落在金牛的天蠍

上升金牛的相貌特徵

⭐ 身材比例均勻而厚實

⭐ 下巴、脖子的線條優美

⭐ 成年後有容易變胖的傾向

上升金牛的外型氣質

⭐ 溫和，不多話

⭐ 情緒穩定，動作緩慢

⭐ 有時會顯露出無辜的模樣

上升金牛的人，讓人感覺穩重溫和、緩步優雅，做起事來不疾不徐，既不懂得趨炎附勢，也不隨波逐塵，有自己的步調節奏和原則方法，凡事強調事前規畫與嚴格執行，絕不會讓怠惰壞了大事；喜歡一切與美麗有關的事物、氛圍、感覺，具有一定程度的生活品味。

　　上升星座落在金牛的天蠍，嫉妒心強烈，總是把自己所擁有的一切看守得密不透風，無法忍受任何一點失誤，如果有人膽敢發動攻勢，一定全力反擊、全心捍衛，是一個有仇必報的烈愛份子。

　　有想法、耐力十足、堅持到底，一旦下定決心就不會放棄，即使必須上刀山、下油鍋也在所不惜，寧可當一隻冒險的浴火鳳凰，也不願成為無事一身輕的凡夫俗子，是一個對自己有相當自信的人。

對於投資理財有高度興趣，如果有時間、有機會的話，會想要瞭解所有的投資工具，勤作功課、認真操作，且懂得做好風險管理，即使過程中有得有失，仍可確保最後的獲利。

 # 上升星座落在雙子的天蠍

上升雙子的相貌特徵

☆ 肩膀寬厚，肩線明顯

☆ 手指靈活或比一般人長

☆ 大多有視力的問題

上升雙子的外型氣質

☆ 反應靈活，動作敏捷

☆ 表情多，愛說話，且速度很快

☆ 情緒變化快

上升雙子的人，反應靈巧機敏，頭腦轉速是他人的好幾倍，對於周遭人事物的感知力甚強，隨機應變、見風使舵是不費吹灰之力就能運用得宜的拿手絕活；聰慧俐落、點子多，對於知識與資訊的吸收消化能力特別強，經常在團體中扮演訊息交換者的角色。

上升星座落在雙子的天蠍，對於資訊的使用與分配，有一套清楚嚴明的標準，哪些訊息該給哪些人知道、用在哪些地方才適當，心裡明明白白，而且能運用得恰到好處，是人生成功致勝的極大關鍵之一。

表面上看起來對一些生活瑣事不太在意，旋即而過、轉身就忘，但若遇到與利益成敗相關的事，則態度迥然不同，拚了命也要維護自己的權益，是一個外表看似隨和輕漫，其實內心堅毅好強的人。

基本的人生哲學就是「人不犯我，我不犯人」，只要有人敢下戰帖或私下耍小手段，一定全力應戰，腦袋裡有數不盡等著派上用場的計謀，而且個個精密犀利、狠招盡出，非把對方打得落花流水不可。

上升星座落在巨蟹的天蠍

上升巨蟹的相貌特徵

- ✪ 胸部寬厚、凸顯
- ✪ 皮膚細緻，身材豐腴，屬易胖體質
- ✪ 重心在上半身

上升巨蟹的外型氣質

- ✪ 眼神明亮，含水感
- ✪ 情緒起伏大
- ✪ 沒有侵略性

上升巨蟹的人，給人一種害怕陌生、畏縮膽怯的印象，但本身親和力十足，總是在他人低潮受困時大方伸出援手；對於喜樂哀怒的情緒轉換掌控制能力不佳，易情緒化；重心大多放在自己家庭，或與家庭有關的事務上，例如為家人打理大小事宜，甚至為家人犧牲奉獻等等。

上升星座落在巨蟹的天蠍，感受力異於常人，甚至達到快狠準的境界，周遭環境的風吹草動、任何人的心思盤算、事有蹊蹺的詭譎氛圍，全部看在眼裡，對於大小事的來龍去脈，瞭解得比誰都清楚透澈。

是一個不折不扣的大醋桶，愛比較、愛計較，嫉妒心又特別強，希望自己所擁有的一切都是最好的，只要一遇到不順心的事就開始生悶氣，被大家公認是心思多又難伺候的人。

重視精神生活重於物質生活，一般生活所需

只要到達基本要求即可，並不要錦衣玉食或開名車、住豪宅，反而比較在意心靈方面的充實滿足，以及精神層次的提升。

 # 上升星座落在獅子的天蠍

上升獅子的相貌特徵

- ✪ 頭較大，頭髮自然捲，肉結實
- ✪ 眼睛大而圓，且眼角向上揚
- ✪ 成年後有容易變胖的傾向

上升獅子的外型氣質

- ✪ 眼睛炯炯有神，氣勢凌人
- ✪ 光明磊落，精神奕奕
- ✪ 開朗，愛表現

　　上升獅子的人，自認是天生活在舞台上、被聚光燈追著跑、擁有眾多支持者的王者，活力充沛、自信滿滿、開明華麗，隨時隨地都在想辦法

引起他人的注意，自尊心十分強盛；領導才能突顯，而且架勢十足，自願扛起指揮坐鎮的重責大任，同時享受被人愛戴尊崇的榮譽。

上升星座落在獅子的天蠍，一個是樂觀陽光、熱情外放，一個是悲觀陰暗、低調內斂，兩種矛盾的性格混合交雜，形成難以言喻的怪異感，在人際關係的經營上較容易吃虧。

無論是說話、表情或肢體語言，都讓人感覺一股非要不可的霸氣，只要是自己想得到的，就不准別人接近、擁有，甚至搶奪，強烈的企圖心和輸人不輸陣的強悍風格，常讓旁人大呼受不了。

賺錢能力不弱，頗具生意頭腦，又有不錯的經營觀念，只要抓準商機和時機，就能做得有聲有色，甚至賺進一大筆錢，但是花錢也不手軟，奢華浪費是常有的事，不懂得存錢。

 # 上升星座落在處女的天蠍

上升處女的相貌特徵

- ✪ 骨感，身材比例細緻
- ✪ 下巴較尖或較瘦，嘴巴較小
- ✪ 屬於乾性膚質

上升處女的外型氣質

- ✪ 清爽整齊，有禮貌
- ✪ 拘謹，小心翼翼
- ✪ 隨時注意任何細節

　　上升處女的人，端莊有禮、心思細微、嚴謹務實、認真負責，符合一般社會化標準的期待，容易給他人留下良好的第一印象；組織力和分析

力特別強，可以在極短的時間內，把一件事從亂無章法整理成井然有序的系統化，被公認為精練能幹的效率達人。

上升星座落在處女的天蠍，冷靜穩定、三思後行，絕不會做出看到黑影就開槍的蠢事，無論多麼微不足道的任務，都要經過長久觀察和再三確認後才行動，力求百分之百的精準率和達成率。

內心熱情如火、情感豐沛，而且也有服務人群的誠意，但就是無法把心裡真正的想法和感覺表達出來，所以總是給人冷漠冷酷的印象，容易造成與他人之間的距離感。

極重視隱私權，不喜歡自己的私生活被公開討論的感覺，會沒有安全感，所以也不會主動探人隱私，但如果有人傾訴心裡的祕密，則會保密不亂說話，是一個真的能做到守口如瓶的人。

 上升星座落在天秤的天蠍

上升天秤的相貌特徵

⭐ 身材適中，骨架勻稱

⭐ 下巴多有稜角，雙唇飽滿

⭐ 穠纖合度，不易過胖或過瘦

上升天秤的外型氣質

⭐ 舉止優雅得體

⭐ 有親和力，給人舒服的感覺

⭐ 口才好，具社交手腕

上升天秤的人，優雅迷人、強調公平原則、善於社交，除非遇到過於不合理的狀況，否則大多會選擇配合他人，以避免製造不愉快的爭端；

必須存在於人群團體之中，才會有安全感，無論做什麼都喜歡有人陪伴，藉著與他人的互動，感受自身的需求與心理狀態。

上升星座落在天秤的天蠍，本質上並不喜歡與人互動，但表面上看來，卻和每個人的交情都不錯，相處也融洽，然而，其實這些動作的背後都有其必要的目的，多少有一點利用別人的感覺。

對於喜歡的人，主動示好，付出再多也心甘情願，對於不喜歡的人，雖然還不至於完全避不見面或惡臉相向，但會盡量減少接觸機會，即使見了面也僅是客套地互動，絕不會假裝熱絡。

在乎外在形象，但又有自己的主見想法，不願意事事配合別人或輕易妥協，所以常常在自我意識與他人期望之間掙扎，有一種使盡全力做好表面功夫，等到關起門來再捶胸頓足的壓抑性格。

上升星座落在天蠍的天蠍

上升天蠍的相貌特徵

⭐ 沒什麼腰身，臀部豐滿

⭐ 毛髮烏黑又濃密

⭐ 眼神深邃神秘

上升天蠍的外型氣質

⭐ 獨特的神秘魅力

⭐ 話不多，冷酷靜默

⭐ 性感，悶騷

上升天蠍的人，習慣將真正的情緒藏於內心，外表冷靜內斂、沉著鎮定，與他人之間彷彿隔著一道銅牆鐵壁，堅硬厚實，難以攻破；獨特的神

祕魅力、堅忍不移的專注力、無法撼動的意志力，組合成一股凡人難敵的吸引力，靜謐卻幽遠地影響著身邊的每一個人。

上升星座落在天蠍的天蠍，總是獨自默默站在角落，即便寂寞的身影被拉得好長好長，仍甘之如飴，不因為朋友少而濫竽充數，不因為被排擠而刻意討好，堅持自己的風格和原則，一以貫之。

善於謀略、冷靜沉著，絕不輕易出手，但只要一出手，就有贏得冠軍的百分之百把握，爆發力十足，說到做到；嫉惡如仇，痛恨背叛，報復心強，是一個外表冷酷、內心狂熱的狠角色。

感覺敏銳精準，能在最短的時間內洞悉所有事物的來龍去脈，心裡永遠在設想各種不同的情境，以及盤算著如何致勝的對策，不喜歡輸的感覺，所以要拚死站在上風，贏一場漂亮的仗。

 **上升星座落在射手的天蠍**

上升射手的相貌特徵

- ✪ 身材重心在下半部
- ✪ 大腿特別結實
- ✪ 怕熱，容易出汗

上升射手的外型氣質

- ✪ 帶著一點喜感，很開心
- ✪ 笑聲大，笑容燦爛
- ✪ 粗線條，常跌倒或打翻東西

　　上升射手的人，永遠是那麼快樂無憂、精神奕奕、瀟灑自在，雖然也常被粗心大意或隨興而起的性格所害，但終究是一個樂觀主義者，所有

煩惱皆能轉頭就忘，完全不留痕跡；喜歡學習、交朋友和旅行，善於發揮正面的能量，並努力以行動實踐自己的理想。

上升星座落在射手的天蠍，好強且具有行動力，一旦決定投入競爭的行列，就會卯足全力爭取勝利，為的不是好聽的名聲或豐厚的利益，而是不願服輸的一口氣。

天生就有一種追根究底、探求真相的習性，遇到繁複多變的學問研究、看到人與人之間的各種微妙關係、感受到神奇的大自然現象……都會想要探索求證，是一個好奇心強又好學的人。

每次事情都還沒發生就習慣往壞處想，心裡總有擔心不完的狀況，基本性格特質偏向悲觀陰暗，但只要受到一點鼓勵和肯定，很快地就能改變心態，從晦暗的陰霾中透出微微曙光，慢慢走向光明。

上升星座落在摩羯的天蠍

上升摩羯的相貌特徵

- ✪ 骨架大，肌肉結實
- ✪ 皮膚顏色較深，髮質較粗
- ✪ 身材大多屬於清瘦型，不
  易發胖

上升摩羯的外型氣質

- ✪ 嚴肅，表情不多，沉靜
- ✪ 帶著一股憂鬱氣質
- ✪ 少年老成的模樣

上升摩羯的人，外表看起來比實際年齡成熟，散發一種不開心的憂鬱特質，讓人覺得拘謹嚴厲，不易親近；做事循規蹈矩、勤奮不懈、嚴守分際，標準的實際主義者，不浪費時間在沒有實質獲利的事情上，付出一分耕耘，就要有一分收穫，不佔人便宜，但也不吃虧。

　　上升星座落在摩羯的天蠍，野心大，手段直接，目標一旦確定、策略一旦訂定，便毫不猶豫地立刻展開行動，馬不停蹄地勇往直前，為的就是攻下計畫中那個象徵勝利意義的山頭，贏得雄霸天下的寶座。

　　從出發到最後的目的地，一路上必須經歷炎熱炎陽的烤曬、餐風宿露的辛苦、飢寒交迫的折磨、冰天雪地的酷寒，卻都擋不住完成任務的決心，是一個堅忍不拔、毅力驚人、說到做到的人。

　　佔有欲極為強烈，喜歡把所有東西和情感都

分得一清二楚，你的、我的、他的，楚河漢界，絕不容許任何人侵佔或侵犯，否則一定會全力反擊，誓言要對方付出慘痛的代價。

上升星座落在水瓶的天蠍

上升水瓶的相貌特徵

⭐ 身材比例姣好

⭐ 手和腿的曲線優美

⭐ 皮膚細緻白皙

上升水瓶的外型氣質

⭐ 帶著靈氣的獨特美感

⭐ 思緒清晰，說話條理分明

⭐ 冷靜，有自己的想法

上升水瓶的人，低調冷漠、古怪獨特，不喜歡惹人注意，總是站在遠離核心的邊陲地帶，以冷眼旁觀的姿態看著一大群行為模式相同的人，我行我素，需要百分之百的自由；對於與人類福祉相關的活動特別熱衷，是一個極具博愛精神的人道主義者。

　　上升星座落在水瓶的天蠍，過度理性是一大助力，也是阻力，總是在大家慌亂窘迫、急得六神無主時，表現特別冷靜，但也常因此被認定是一個高傲自負的人，較為吃虧。

　　對於玄學和神祕學懷有高度熱情，只要與這方面相關的資訊，都會加以蒐集、研究，若有機會找到同好一起討論辯證，感覺特別過癮，但如果沒有，一個人也能在學海中自得其樂，擁有許多收穫。

　　對很多人、很多事、很多現象都看不順眼，

老是覺得某人的樣子看起來討厭、某件事的發展令人無法忍受、某些現象的發生是人類墮落貪婪的懲罰……憤世嫉俗的心態與嘴臉，常使得旁人覺得不舒服。

 # 上升星座落在雙魚的天蠍

上升雙魚的相貌特徵

★ 頭的比例較小，髮質柔細

★ 眼睛大，但是無神

★ 膚質好，腿細長

上升雙魚的外型氣質

★ 眼神時而迷濛、時而無辜，
很會放電

★ 夢幻，膽怯，心不在焉

★ 情感豐富，易被影響

上升雙魚的人，愛幻想、情感豐沛、靈氣逼人，散發著惹人憐愛的溫柔氣質，對於音樂和藝術的感受力遠遠超越一般人，但容易產生悲觀的想法，自信不足，怯懦膽小；配合度高，沒有強烈的企圖心，不喜歡沉重的責任和競爭的壓力，追求形而上的精神生活。

　　上升星座落在雙魚的天蠍，直覺強烈、洞悉敏銳、情感細膩，雖然外表看起來親切和善、不發脾氣、沒什麼原則，但內心卻有一把堅定不變的尺，做人有分寸，做事有條理，是一個理性與感性兼具的人。

　　在神祕學、靈魂學、潛能開發等方面，不但有濃厚興趣，還有異於常人的天賦，另外，也喜歡深入探究宗教世界，在某種因緣際會之下，或許有可能成為狂熱的宗教份子，四處傳教，宣揚理念。

悲觀、過份擔心、負面思考，只是一點小事就緊張地如臨大敵，忙進忙出，嚴陣以待，但其實這些都是為了掩飾膽怯、憂慮情緒的誇張表現，真實問題往往並不如想像嚴重。

PART 6

怎麼辦？天蠍～

人不可能永遠遇到好人或只與自己契合的人相處，

一旦遇到令自己覺得不舒服、厭惡、痛苦的人，

該怎麼辦呢？

這裡的求生術將帶你脫離苦海，

打造美麗人生！

遇到急躁牡羊，怎麼辦？天蠍～

牡羊什麼事都等不得，只恨自己沒有三頭六臂，像什麼慢活、靜心之類的勸戒之言，對牡羊來說，簡直是磨死人不償命的爛建議，心想：我連衝鋒陷陣的時間都嫌不夠、連冒險刺激的快感都還沒享受過癮，哪有時間慢慢來，太多目標等著征服、太多理想等著實現，只有快、再快、最快的節奏，才能讓牡羊感覺暢快淋漓。

天蠍處變不驚、沉著穩定的功夫堪稱一絕，就算熊熊烈火已經燒到眼前，仍可面不改色地做好各項處置，而牡羊則急性躁進，只要事情的進展不如預期，立刻暴跳如雷，一點也無法冷靜。

當天蠍遇到牡羊時，為避免受對方焦躁不安的情緒影響，最好盡量降低合作機會，相處方式以少時多次為原則，彼此才能相安無事。

遇到頑固金牛，怎麼辦？天蠍～

金牛看待「下決定」這件事，就像許多人對婚姻大事的看法一樣──考慮再考慮，絕不可兒戲。所以，在下決定之前，總要前思後想、左推敲右揣測，深怕一個不注意，把某處的關鍵細節遺漏了，功虧一簣、悔不當初。等到下定離手之後，便排除任何更動的可能性，即使一路上風雨飄搖、雷電交迫，仍不改其原定方向，始終如一。

天蠍喜惡分明、偏執極端，對於喜愛的人事物，百般容忍偏坦，對於厭惡的人事物，絲毫都不能通融，且心意堅定，難以改變，而金牛亦是十分固執，不隨意受外在因素影響而更動決定。

當天蠍遇到金牛時，硬碰硬只有死路一條，倒不如順著對方忠實敦厚的性格，先示出善意，軟化對方的心，才有可能進一步取得信任。

# 遇到不可靠雙子，怎麼辦？天蠍～

雙子往往說的比做的多，尤其在承諾方面，更是不折不扣的反指標，只要雙子自信滿滿、拍著胸脯、語氣堅定地說：「沒問題！」那一定會變成百年懸案，因為雙子對於自己說過的話，總是一轉頭就忘，負責任這件事從未出現在人生字典裡，就算他人耳提面命、千叮萬嚀，雙子仍然可以一派輕鬆地把所有責任忘得一乾二淨。

天蠍做事謹慎嚴密，為了避免節外生枝，在還沒有確定完成任務之前，極盡低調、絕不張揚，一切以最後成果見真章，而雙子則總是嘴巴說的和實際做的有差距，無法讓人安心信賴。

當天蠍遇到雙子時，不可盡信對方所言，必須再三查證，才能認定是真是假，而且最好事事先想妥變通之計，降低措手不及的機率。

遇到耽溺巨蟹，怎麼辦？天蠍～

巨蟹喜歡活在懷舊的回憶裡，因為在可愛的童年時光、青澀的少年時期、與家人緊緊相依的溫暖氣氛、和好友融洽相處的所有美好記憶裡，最讓巨蟹覺得舒服、自在和安全。巨蟹較為悲觀，凡事容易往壞處想，解決問題的能力和抵抗困難的決心，明顯不足，只要一遇到不順心的事就往蟹殼裡鑽，無法勇敢面對。

天蠍重情重義，行事為人都有分寸，該委曲求全時，就不會硬是逞強出頭，該挺身而出時，就不會畏縮躲避，但巨蟹則容易感情用事，無法排除無謂的心理障礙，總是受情緒所擾。

當天蠍遇到巨蟹時，不必過於責怪對方的猶豫和濫情，反而需給予適時安慰，讓對方有面對與承擔的勇氣，才能攜手共進、相處愉快。

遇到驕傲獅子，怎麼辦？天蠍～

　　獅子一生永遠不缺的就是滿滿的自信，在風光顯赫的時候，盡享眾人的掌聲和擁戴，在平凡貧乏的時候，持續努力往明亮的高處前進，在黑暗低潮的時候，仍不放棄贏得夢想的企圖。獅子對於自己本身與所擁有的一切皆感到無比驕傲，堅信自己是這世界上獨一無二、無人可取代的，全身散發一股傲氣逼人的氣勢。

　　天蠍的傲氣內斂隱藏、能量蓄勢待發，外人可能看不出任何端倪，但其實早已暗中養兵千日，只等一舉成功的最佳時機，而獅子則無時無刻不張牙舞爪地忙著昭示自己的身份地位，企圖得到眾人的尊重。

　　當天蠍遇到獅子時，暗箭難防、明槍易躲，不必與對方爭一時的勝負，必須耐心等待良機，才能以最小的力氣獲得最大的成功。

遇到實際處女，怎麼辦？天蠍～

處女不談沒有建設性的話題、不做投資報酬率低的事情、不花時間和只會吃喝玩樂的人相處，更不會遐思幻想地做著白日夢，生活中所有大小事情全由嚴密的計畫控管著，利益和風險都已被精密地計算、分析，只有使命必達，沒有多餘的藉口和理由。處女對於自己的規畫十分有把握，且踏出的每一步都堅實穩固。

天蠍與處女都是為人嚴謹低調、行事認真負責的人，在每一次行動之前，早就算好應得的投資報酬，從不浪費精力做白工，也不會佔人便宜、偷工減料，重視的是長長久久的好名聲。

當天蠍遇到處女時，依兩人的實力和處事風格，只要先談好遊戲規則與各自應得的利益，就能合作愉快，很適合成為夥伴。

遇到鄉愿天秤，怎麼辦？天蠍～

天秤喜歡輕快俐落、流暢自在的感覺，對於厚重繁雜、長長久久的事，一概敬謝不敏。天秤尤其討厭被限制、緊縛的感覺，所以只要一遇到必須扛責任或負責某項要務，立刻逃之夭夭，直接來個人間蒸發，縱使因此被批評怒罵也無所謂，反正被唸、被罵，根本不痛不癢，總比背著一堆麻煩事或困難的任務要好應付多了。

天蠍做人處世的原則清楚明確，是經過深思熟慮才定下來，不會輕易改變，也不為任何人妥協，但天秤則總是為求圓融而配合他人，鄉愿的性格常把自己折騰得身心俱疲，卻又無力改善。

當天蠍遇到天秤時，先告知自己的中立立場，不被哪一派拉攏，也不亂搞小團體，人不犯我、我不犯人，大家盡其所能維持和諧關係。

遇到嫉妒天蠍，怎麼辦？天蠍～

天蠍的眼裡容不下一粒沙、心裡容不了一個異己，非要做到純粹再純粹、精鍊再精鍊的地步，就像經過千百道去除雜質的程序後，最後所留存下來毫無雜質的部份，才能讓天蠍百分之百安心。天蠍對於自己愛的人和所擁有的，必傾注全力愛護與奉獻，也期望對方同等回饋，一旦出現外力干擾或背叛警訊，天蠍妒火中燒，後果將不堪設想。

天蠍的佔有慾、好勝心都很強烈，無法容忍失去和失敗，只要有人贏過自己，或擁到自己想要卻得不到的東西，就會有所怨恨，興起報復之心，非要成為唯一的、最後的勝利者不可。

當天蠍遇到天蠍時，如果不能學著退讓之道，勢必引發狂燄烈火般的對決，到時候兩敗俱傷，誰也得不到好處，何苦來哉!?

遇到理想化射手，怎麼辦？天蠍～

　　射手容易顯露理想化的毛病，但與做白日夢不同，所以更精確的說法應該是射手愛畫大餅，而且總是過度樂觀。射手一向走現學現賣、船到橋頭自然直的即興路線，懶得規畫，也不想花時間做事前準備，對自己的能力很有把握，從不知「仔細謹慎」這四個字怎麼寫，往往冒險過了頭、栽了跟斗，才會對收斂的人生哲學略有體悟。

　　天蠍在還沒有走完最後一步之前，絕不抱樂觀想像，依然時時刻刻保持警戒，絲毫不放鬆，避免功虧一簣，而射手則是還沒行動之前就開始畫大餅，說得天花亂墜，到最後卻看不到半點成績。

　　當天蠍遇到射手時，只要偶爾拿對方的笑話來解悶，其它的話則不需放在心上，大家各司其職、各過生活，就是最適合彼此的狀態。

遇到利己主義摩羯，怎麼辦？天蠍~

摩羯的利己主義不是用在享樂，而是對自己有實質幫助的事情上，尤其金錢與名利方面的報酬，最被重視。摩羯在做任何事之前都要仔細評估，哪怕只是一件微不足道或影響有限的小事，也毫不輕忽，更別說是攸關成敗的事業規畫和人生大計，必定再三思索、前後推敲，確定萬無一失之後才行動，絕不會讓自己吃虧或浪費無謂的時間。

天蠍的一切付出只為自己和所愛的人，即使有時需要隱忍或犧牲，也在所不惜，很懂得為自己打算，而摩羯在這方面的能力也不惶多讓，凡事只為利己，生命的焦點都集中在自己身上。

當天蠍遇到摩羯時，雙方或許不容易成為交心的知己好友，但只要有共同的目標和令人滿意的報酬，就有機會分工合作、各取所需。

遇到強烈自主水瓶，怎麼辦？天蠍～

　　水瓶不受禮教約束、痛恨規矩制度，更不信高官權威那一套，總是我行我素，不按牌理出牌，沒興趣理會別人、不想干預別人，也不希望被任何人打擾，縱使可能因為價值觀與大部份人不同、思想與其他人有落差、生活模式與大家南轅北轍，而必須付出相當的代價，但只要最後能按照自己的步調生活，一切都是值得的。

　　天蠍遵守規矩的原因雖非乖巧懂事，而是一種有利於己的考量，或具有某種掩護功能的策略，但總還算是在控制範圍的，而水瓶我行我素、不聽指揮，在團體之中是公認的異議份子。

　　當天蠍遇到水瓶時，說之以理比動之以情要有用多了，凡事力求重點，速戰速決，讓對方覺得明快俐落，兩人的隔閡就會自動消除。

遇到膽小雙魚，怎麼辦？天蠍～

雙魚缺乏勇氣，沒有安全感，經常活在擔心受怕的情緒之中，明明眼前一片坦途，卻老是覺得危機四伏，明明已經做好萬全的準備，卻仍然憂心忡忡，導致往往還來不及行動就退縮或裹足不前的情形，成不了大事，只能跟隨別人的腳步，表面上讓人覺得配合度極高，十分隨和，其實是一個無法擁有自我想法的背後靈。

天蠍不是說話大聲、行為張狂的人，但其實意志堅定、膽識過人，對自設的目標，抱持著熾烈的熱忱和必成的決心，而雙魚既沒原則，也沒目標，更沒有勇氣，遇到麻煩只想逃避，對未知充滿恐懼。

當天蠍遇到雙魚時，不妨提供一些對方可勝任的工作，讓對方培養信心和解決問題的能力，不久，亦師亦友的好關係自然會日漸濃厚。

12 星座不易被發現的隱藏性格

牡羊　習慣逞兇鬥狠的牡羊，真要哭起來，猶如天崩地裂，挺嚇人的！

金牛　肢體不靈活的金牛，如果有高人指點，有機會變身為舞林高手。

雙子　好像可以同時處理好幾件事的雙子，其實瞎忙的成份比較高。

巨蟹　多慮膽小的巨蟹，一旦犧牲奉獻，則勢如破竹、勇氣過人。

獅子　愛熱鬧的獅子，也會有不愛搭理別人的自閉傾向。

處女 表面端莊整齊的處女，在沒人看見的時候，完全不是那麼回事。

天秤 要求平衡、客觀的天秤，其實主觀的不得了。

天蠍 冷酷、疑心病重的天蠍，一被打動，就完全受對方擺佈。

射手 粗線條的射手，在研究學問時，倒是十分仔細謹慎。

摩羯 拘謹嚴厲的摩羯，遇到喜歡的人，會變得非常浪漫。

水瓶 看起來不問世事的水瓶，其實對所有狀況都瞭然於胸。

雙魚 說話含糊、不具體的雙魚，心中早有答案，只是不說而已。

星座小熊 第一本星座書 天蠍座
外冷內熱狠角色

作　者／星座小熊, 曾新惠
美術編輯／達觀製書坊
責任編輯／twohorses
企畫選書人／賈俊國
總 編 輯／賈俊國
副總編輯／蘇士尹
行銷企畫／張莉滎　蕭羽猜　黃欣

發 行 人／何飛鵬
法律顧問／元禾法律事務所王子文律師
出　　版／布克文化出版事業部
　　　　　台北市中山區民生東路二段 141 號 8 樓
　　　　　電話：(02)2500-7008　傳真：(02)2502-7676
　　　　　Email：sbooker.service@cite.com.tw
發　　行／英屬蓋曼群島商家庭傳媒股份有限公司城邦分公司
　　　　　台北市中山區民生東路二段 141 號 2 樓
　　　　　書虫客服服務專線：(02)2500-7718；2500-7719
　　　　　24 小時傳真專線：(02)2500-1990；2500-1991
　　　　　劃撥帳號：19863813；戶名：書虫股份有限公司
　　　　　讀者服務信箱：service@readingclub.com.tw
香港發行所／城邦（香港）出版集團有限公司
　　　　　香港灣仔駱克道 193 號東超商業中心 1 樓
　　　　　電話：+852-2508-6231　　傳真：+852-2578-9337
　　　　　Email：hkcite@biznetvigator.com
馬新發行所／城邦（馬新）出版集團 Cité (M) Sdn. Bhd.
　　　　　41, Jalan Radin Anum, Bandar Baru Sri Petaling,
　　　　　57000 Kuala Lumpur, Malaysia
　　　　　電話：+603- 9057-8822　傳真：+603- 9057-6622
　　　　　Email：cite@cite.com.my
印　　刷／韋懋實業有限公司
初　　版／2023 年 10 月
定　　價／300 元
ＩＳＢＮ／**978-626-7337-53-0**
ＥＩＳＢＮ／**9786267337578**（EPUB）

城邦讀書花園　　布克文化
www.cite.com.tw　WWW.SBOOKER.COM.TW